Josef Schaller

Topographie des Königreichs Böhmen

Josef Schaller

Topographie des Königreichs Böhmen

ISBN/EAN: 9783743333055

Hergestellt in Europa, USA, Kanada, Australien, Japan

Cover: Foto ©ninafisch / pixelio.de

Manufactured and distributed by brebook publishing software
(www.brebook.com)

Josef Schaller

Topographie des Königreichs Böhmen

Topographie
des
Königreichs Böhmen,
darinn
alle Städte, Flecken, Herrschaften, Schlösser, Landgüter,
Edelsitze, Klöster, Dörfer, wie auch verfallene Schlösser
und Städte unter den ehemaligen und jetzigen Benennungen samt ihren Merkwürdigkeiten beschrieben werden.

Verfasset von
Jaroslaus Schaller
a St. Josepho Priester des Ordens der frommen Schulen.

Erster Theil.
Rakonişer Kreis.

Prag,
in der k. k. Normalbuchdruckerey, durch Wenzel Piskaczek Fakt. 1785.

Quae oppidorum, ciuitatum & vrbium primordia? quo tempore iaɛ̃ta fundamenta? quae mutationes, viciſſitudines, conuerſionesque rerum, tum & caſus multiuarii, & quae ſunt eius generis alia, ea, quanta eſt voluptas audiendo, legendoque cognoſcere?

M. Procop. Lupacius Hlawacz'owaeus in Praef. Ephemerd. Rerum Boëmic. ad Wilhelmum Vrſinum a Rofenberga.

Ihrer

Hochreichsgräflichen Gnaden

der

Hochgebohrnen

Frau Frau

Philippina

Ludmilla

X 2

des

heiligen römischen Reichs

Gräfinn

von

Schlik,

Passaun und Weißkirchen

gebohrnen

Reichsgräfinn

von

Nostiß und Rhinek

Sternordens Kreuzdame,

Gnädigsten

Frau und Gräfinn

widmet

der Verfasser.

Vorrede.

Ich liefere hier dem geneigten Leser eine To=
pographie des Königreichs Böhmen, darüber
schon lange viele, sowohl einheimische, als aus=
wärtige Geschichtschreiber ihre Wünsche geäu=
ßert haben. Dieses Verlangen wurde bey ihnen
nur desto mehr rege, je häufiger ihnen verschie=
dene Oerterbenennungen in unsern alten Ge=
schichtsschreibern oder Urkunden aufgestoßen sind,
die sie auch auf den besten Landkarten Böhmens
entweder unter einem ganz andern Namen ver=
kennet, oder gar vergeblich gesuchet haben. Solch
einem billigen Wunsche unserer Gelehrten Genü=
ge zu leisten, unterzog ich mich dieser Arbeit, und
schmeichle mir; daß ihnen dieses gegenwärtige
Werk nicht gar unwillkommen seyn werde.

Ich gestehe, daß diese Beschäftigung von
der Zeit meines auffeimenden Alters an mein

Lieb=

Lieblingsstudium gewesen war, ohne daran zu
denken dergleichen Werk jemal an das Licht tre=
ten zu lassen, welches auch dießmal nicht gesche=
hen wäre, wenn nicht viele meiner Gönner und
Freunde mich sowohl schriftlich als mündlich zu
diesem Schritte angefeuert hätten.

Schon in meiner ersten Jugend war es für
mich eine rührende Scene, alte, zum Theil noch
mit der Vergänglichkeit ringende, zum Theil
aber schon verfallene, ehedem feste Schlösser zu
sehen. Ich bewunderte daran schon damal, nach
meinen jungen Begriffen, theils die von einer
ungemeinen Dicke aufgeführten Mauern und
Thürme, theils die ungemeine Tiefe der Keller,
die Festigkeit der Gewölber, und die mit einer
eben so großen Kunst als Mühe durch Felsen ge=
bauene Gänge. Alles dieses war eine angeneh=
me Weide für meine Augen, welches in mir eine
Hochachtung gegen meine Vorfahren erweckte,
und mir den Anlaß gab, ihnen Heil und Segen
in ihrem kühlen Grabe anzuwünschen; der Geist
aber ließ sich mit der Betrachtung solcher Trü=
mer allein keineswegs begnügen, er sehnte sich
nach wichtigeren Dingen. Ich fühlte in mir ein
gewisses Verlangen zu wissen, wer solche Stätte
ehedem gebauet, und bewohnet habe, und durch
welch eine Fügung dieselben endlich in solche Ver=
wüstung gerathen wären. Diese Wißbegierde blieb
meinem Geiste tief eingepräget bis in meine rei=
feren

feren Jahre. Hier fieng ich also an, so viel die
von meinen Berufsgeschäften freye Nebenstunden
erlaubten, um mein Verlangen zu befriedigen,
sowohl in den ältesten Schriftstellern nachzuschla-
gen, als auch aus den neuern vaterländischen
Geschichten und Abhandlungen, dergleichen uns
zum Nuzen, und dem Vaterlande zum Ruhme
Hr. Ignaz edler von Born, Hr. von Peüth-
ner, Karl Ritter von Binnenberg, Peter Ritter
Wokaun von Wokaunius, Franz Pubička, Gelas Dobner, Adaukt Voigt, Johann Mayer,
Johann Ferber, Franz Pelzel, Joseph Dobrowsky, Raphael Ungar, Faustin Prochaska
und mehrere andere geliefert haben, zu meinem
Endzwecke passende Kenntnisse einzuholen.

Je weiter ich aber in das finstere Altertum
gelanget bin, desto weitschichtiger war das Feld,
welches sich mir öfnete, und ich fand, daß auf
unsrer besten Müllerischen und Wielandischen
Karte etliche hundert Oerter fehlen, die entweder aus Uebereilung des Aufnehmens ausgelassen,
oder aber später angeleget worden sind. Hierzu kamen noch einige nach der Zeit neuerbaute
Schlößer, und andere Umstände der gegenwärti-
ger Verfassung, die ich in allen unseren Geschichten vergeblich würde gesuchet haben. Ich wand
also mit der Beyhülfe eines hochwürd. prager
Konsistoriums meine Bitte an die sämtlichen
Herren Seelsorger des Königreichs Böheim, als

)(4   wel-

welchen die wenigen in ihren Kirchspielen be-
griffenen Oerter im Betref meiner Anfragen am
nähesten bekannt seyn dürften, schickte ihnen einen gedruckten Plan zu, und ersuchte sie, die
ihnen hier vorgelegten Fragen gütigst zu beantworten.

1. Der Name, die Beschaffenheit, die Lage, und der Kreis des Orts, z. E. Heinrichs-
grün, ehemaliges Bergstädtchen, im Elbogner
Kreise, liegt in einem Thale, zwey Meilen hinter Falkenau, gehört zur prager Erzdiöces.

2. Hat dieser Ort allzeit den jetzigen Namen geführet, oder ist er geändert worden?

3. Wann ist der Ort angelegt, oder das
Schloß, oder die Kirche gebauet worden?

4. Welche Sprache prädominirt daselbst,
Deutsch oder Böhmische?

5. Wer ist der Besitzer dieses Orts?

6. Hat der Besitzer durch Kauf, Erbschaft,
oder Heurath diesen Ort an sich gebracht?

7. Giebt dieser Ort einer ganzen Herrschaft
den Namen, oder ist er einer Herrschaft einverleibt?

8. Giebt es da Klöster, oder andere Prä-
benden und Benefizien, und wohin ist die hier-
ortige Kirche eingepfarrt?

9. Wer hat die Präsentation, oder das
ius patronatus?

10. Was giebts da für Merkwürdigkeiten,
als :   A.

Vorrede.

A. Prächtige oder schöne Gebäude, Schlösser, Kirchen samt dem titulo Ecclesiæ, Rathhäuser, Fabriken, Thier= Phasangärten, Poststation, merkwürdige Teiche. 2c. 2c.

B. Merkwürdige Aufschriften auf gemeinen oder Privathäusern, Grabsteinen, Statuen 2c. 2c. item große Büchersäle, oder Bilder von berühmten Meistern, Skreta, Brandel 2c. 2c.

11. Sind diesem Orte einige Privilegien verliehen worden, wann, und von wem?

12. Welche Nahrung und Gewerb treibt meistens dieser Ort, sind es welche Manufakturen, Ackerbau, Bergwerk, Handel, oder andere Handthierungen?

13. Wie ist der Ackerboden hierorts beschaffen?

14. Trift man nicht in der Nähe dieses Orts alte Rudera oder Ruinen verfallener Schlösser oder Klöster, und wie werden dieselben hierorts genannt?

15. Physikalische Beschaffenheit: sind in der Gegend einige Sauer= oder Gesundbrunnen, hohe Berge, merkwürdige Kräuter, Steine 2c. 2c. zu finden?

16. Welche Hauptrubriken sind auf der Herrschaft?

17. Liegt der Ort an einem Fluße oder Bache, und wie wird derselbe hierorts genannt?

18. Was für ein Wappen führet die Stadt?

19. Nro.

19. Nro. oder Zahl der Häuser.

Die Herren Seelsorger verweilten nicht meinem Begehren zu willfahren, ja es zeigten viele derselben ein vollkommenes Vergnügen an dieser meiner Bemühung; allein kaum wurde dieser Plan allgemein bekannt, als sich schon einige fanden, die meine Gesinnungen einer Unlauterkeit zu beschuldigen, meine Absichten für gefährlich auszugeben, und dieses Werk gleich im ersten Keime zu unterdrücken sich bemühet haben. Dieses Unternehmen würde ihnen ohne Zweifel gelungen haben, wenn nicht unser Allerhöchste und weiseste Monarch Joseph II., dessen Jahre der Himmel verewigen wolle, diese meine Bemühungen für nutzbar durch folgende Entscheidung erkläret hätte: "Der Pater Jaroslaus "Schaller aus den frommen Schulen soll sein "topographisches Werk von dem Königreich Böh= "men nach dem dießfalls gemachten Plane vollen= "den."

Hierauf legten sich meine Gegner zur Ruhe, und der Befehl, meine ehedem vorgelegten topo= graphische Fragen zu beantworten, wurde im J. 1782. durch ein hochlöbl. Landesgubernium im Königreiche Böhmen, den sämtlichen Seelsorgern neuerdings eingeschärfet, und ich erhielt solchem= nach die anverlangte Auskunft richtig.

Bey

Bey dieser Gelegenheit kann ich den Eifer und schleunige Willfahrung in der Befolgung eines solchen Gubernialdekrets, unsrer sämtlichen Herren Seelsorger mit Stillschweigen nicht übergehen. Ich las viele dieser würdigsten Männer, und betagten Kreise mit zitternder Hand abgefaßte Schriften mit vielem Vergnügen, und schuldiger Hochachtung, und sah, wie sich die meisten derselben beflissen haben, meinem Verlangen zu entsprechen, und mein Vorhaben zu befördern, wofür ich ihnen hier öffentlich den feyerlichsten Dank abstatte.

Auf die Glaubwürdigkeit der Begebenheiten, die ich hier und da einigen Oertern beyfüge, wird ein jeder aus dem Ansehen der beygesetzten Schriftsteller, und anderer Urkunden schließen können.

Noch eins, und dann zum Werke. Ich konnte mich unmöglich entschließen, die ächt böhmischen Oerterbenennungen, die ein C z, C ż, oder ż im Anfang, oder in der Mitte führen, mit T z, Tsch, und sch zu schreiben; darum werden meine günstigen Leser sichs gefallen lassen, diejenigen Namen der Oerter, welche mit dem Laute eines tsch anfangen, unter dem Buchstaben C ż, die mit tz, unter C, und endlich jene mit einem gelinden sch, unter dem Buchstaben ż, in dem am Ende des ganzen Werks folgenden alphabetischen Register aufzusuchen. Soll-

Vorrede.

Sollte dieser Theil bey meinen Lesern einen Beyfall finden, so werde ich nicht säumen mit der Hülfe Gottes jährlich etliche Kreise, dann die Beschreibung von der Hauptstadt Prag, am Ende aber ein vollständiges alphabetisches Register aller Oerter des ganzen Königreichs Böhmen, samt merkwürdigen Bergen, Wäldern, Teichen, verfallenen Schlössern, Flüßen und Bächen, dem geehrten Publikum zu liefern.

Prag den 1. Jänner 1785.

Jaroslaus Schaller,
aus den frommen Schulen.

Ein=

Einleitung.

Ehe wir zu einer nähern Kenntniß der Oerter selbst treten, wird es, wie ich hoffe, meinen Lesern nicht gleichgültig seyn, wenn ich von der Beschaffenheit des ehemaligen sowohl, als jetzigen Böhmens, von den Landesgebräuchen, Religion, Sprache, Sitten, Fortpflanzung der Wissenschaften, wie auch von Kriegen, und andern widrigen Schicksalen, die unser theueres Vaterland allgemein getroffen haben, einige Erinnerungen vorausschicke. Ich werde trachten, solches hier so kurz, als nur möglich anzumerken.

§. I.

Böhmens Name.

Unser vielgeliebtes Vaterland wird heut zu Tage insgemein von den Deutschen Böheim oder Böhmen, von den Böhmen aber Czechy, oder Česká Země genannt. Gleichwie aber bey allen Geschichtsforschern für allgemein entschieden angenommen wird, daß die erstere Benennung Böheim, Bojoheim oder Böhmen von den Bojen einem Celtischen Volke, welches etwan fünf hundert Jahre vor Christi Geburt den größten Theil dieses Landes bewohnet hatte, herabgeleitet sey: so gab eben zu so vielen und gegen einander streitenden Meynungen der Name Czechy den Anlaß. Einige wollten ihn von dem ersten Fürsten dieses Volkes Czech, welchen Dalemil in seiner böhmischen Chronik zu Anfang des vierzehnten

Erster Theil. A Jahr-

Jahrhunderts zu erst erdichtet hatte, herleiten; da aber
der Name Czechy schon bey dem russischen Annalisten Ne-
stor, und Cinnamus in den bekannten Byzantinischen
Schriftstellern, und folglich mehr als zwey hundert Jahre eher, ohne eine Benennung des Czechs vorkömmt, so
fällt diese Ableitung eben so von sich selbst weg, als
die Meynung eines unserer einheimischen Skribenten, der
sich beygehen ließ, die eigentliche Etymologie dieses Namens in dem Worte Czessnjk (Mundschenk) gefunden
zu haben. Andere wollen diese Benennung von den alten Ζιχοις, die zur Zeit der allgemeinen Völkerwande-
rung aus der Gegend von Cirkassien nach Böhmen ge-
wandert sind, herabstammen lassen, welchen histori-
schen Satz man immer bey seinem Werth lassen kann,
in so weit er mit der Etymologie des Hrn. Joseph Dobrowsky übereinstimmet, wie er in einer gelehrten Abhandlung: Ueber den Ursprung des Namens Czech
ganz gründlich dargethan, und erwiesen hat, daß die
Benennung Czechy keineswegs für einen eigenen Namen
unserer Vorältern anzusehen sey, sondern denselben nur
in Beziehung auf die Lage und Vorrückung, als welche
aus ihren alten Wohnsitzen vorwärts in Böhmen ein-
drangen, von dem alten četi (anfangen), so wie den
Schlesiern von dem alten Slezy (die letztern) der Name Slezacy, den Pomern Pomorané von dem angrenzenden Meere, Morè, den Pohlen Polané von Pole
(Gefild), den Lausitzern Lužicané von Luže oder Lauße
beygeleget worden wäre. Ein gleiches Bewandniß hat
es mit unzähligen anderen Oerterbenennungen in unserm
Vaterlande, denen die ersten Bewohner einen passenden

Na-

Namen von verſchiedenen Bäumen, Bergen, Flüſſen, Felſen, und anderen Umſtänden gegeben haben. So hei⸗ ßen zum Beyſpiele einige Oerter bey uns:

Augezd, Augezdec, von Vgezd, Umkreis.

Auſtj, von Vſtj, die Mündung eines Fluſes oder Baches.

Březh, Březnice, Březno, von Břjze, Birke.

Byſtra, Byſtřice, die insgemein an einem Bache oder Fluße liegen, und von deſſen ſchnellen Fortlau⸗ fen dieſen Namen bekommen haben.

Bláto, Blatna, Blatnice, von Bláto, Koth.

Buk, Bukowan, Bukow, Bukowka, Bukowina, von Buk, Buche.

Bor, Borek, Borowina, Přebor, von Bor, ein Kie⸗ fer ⸗ oder Fichtemwalt.

Brod, Brodec, von Brod, Furt, vadum.

Břehy, Břehow, von Břeh, Ufer.

Chlum, Chlumek, Chlumkan, von Chlum, Berg.

Chmeliſſt, Chmelna, von Chmel, Hopfen.

Chraſt, Chraſſtian, Chraſtow, von Chraſt, Geſtrüppe.

Dub, Daub, Daubek, Dauban, Dubec, Dube⸗ nec, Dubno, Dubrawa, Dubowa, von Dub, Eiche.

Dol, Dolan, Dolanek, Dolecſek, Podol, Zadoly, von Důl, Thal.

Dřewnice, Dřewec, Dřewic, von Dřewo, Holz.

Gablon, Gablonec, von Gablon, Apfelbaum.

Gedla, Gedlan, Gedlina, von Gedle, Tanne.

Gilem, Gilemnice, von Gilem, Ulmbaum.

Habr, Habran, Habrowan, Habřin, Habřinka, von Habr, Weißbuche.

Hag⸗

Hag, Hagek, von Hag, Hayn.

Hlinſko, Hliniçe, Hlinec, von Hlina, Leim.

Hluboč, Hluboka, Hlubiné, von Hluboký, tief.

Hora, Hornj, Horetic, Hurka, Zahořj, Podhořj, Mezyhořj, von Hora, Berg.

Hrad, Hradek, Hradec, Hradečná, Hradiſſtě, von hradſti, umzäunen.

Hranice, von Hranice, Grenzen.

Hruſſow, Hruſſowán, von Hruſſka, Birnbaum.

Hwozd, Hwozdec, Hwozdian, von Hwozd, dichter Wald.

Jawor, Jaworow, Jawornik, Jawořj, von Jawor, Ahorn.

Jeſſeniç, von Geſen, Aſchenbaum.

Kalna, Kalnowec, von kalný, trüb.

Kamen, Kamenj, Kamenice, von Kámen, Stein.

Klokoč, Klokočin, Klokočka, von Blokoč, Pimpernußbaum.

Křemen, Křemenice, von Křemen, Kieſelſtein.

Křiž, Křižanow, Křiženec, von Křiž, Kreuz.

Lauka, Laukow, Lukawec, Laučin, Laučka, von Lauka, Wieſe.

Lhota, Lhotka, Lhotice, Lhuta, von Lhota, Beſitzung, nova poſſeſſio.

Lipan, Lipowice, Lipin, Lipina, Lipka, Lipnic, von Lipa, Linde.

Lom, Lomia, Lomec, Lomnice, von Lom, Steinbruch.

Luže, Lužan, Lužnice, Zalujj, von Lauže, Pfütze, oder Luh, ſumpfiger Wald.

Mezný, von Meze, Rein.

Mo-

Mokrá, Mokrey, Mokŕan, von Mokrý, feicht, naß.

Oſſek, Woſſek, von Sec, ein Hau.

Oſtrow, Oſtrowec von Oſtrow, Inſel.

Paſſek, Paſſeky, von Sec, ein Hau.

Piſek, Piſečná, von Pjſek, Sand.

Pole, Polna, von Pole, Feld.

Pořič, Zařič, von Rzeka, Fluß.

Proſſik, Proſſek, Proſec, ein Durchhau.

Přikra, Přikrý, ſteil.

Skal, Skalice, Skalko, Skalffo, von Skala, Fels.

Slatina, Moraſt.

Smrkow, Smrkowec, Smrczina, von Smrk, Fichte.

Tein, Teinic, Tiniſſt, von tyniti, einzdunen.

Trnow, Trnowa, von Trn, Dorn.

Wápenik, Wápenice, von Wápno, Kalk.

Wolſchan, Wolſchany, Wolſchow, von Wolſſe, Erle.

Wrbican, Wrbice, Wrbna, von Wrba, Weiden‍baum, u. a. m.

§. II.

Größe und Grenzen.

Das heutige Böhmen grenzet gegen Oſten mit Schleſien, Glatz und Mähren, gegen Suden mit Oeſterreich und Paſſau, gegen Weſten mit Bayern, Oberpfalz, Kulmbach und Voigtland, gegen Norden mit Sachſen und der Lauſitz. In Beſtimmung der geometriſchen Länge, Breite, und des Flächeninhalts ſind unſere Geograpſen vermög der Verſchiedenheit jener

A 3 Land-

Landkarten, deren sie sich bedienet haben, auch verschiedener Meynung.   Paulus Aretinus ein prager
Bürger, und berühmter Landmesser, erwies durch eine
Landkarte, die er im J. 1619. herausgab, daß Böhmen im
Umfange 123½ Meile, in der Länge von Aufgang gegen
Abend 40, die Breite von Norden gegen Süden
35 deutsche Meilen, dessen Flächeninhalt aber 659 Quadratmeilen enthalte a).   Paul Stransky setzet die
größte Länge von Hochberg einer Stadt in dem Markgrafthum Kulmbach, bis an die Grenzen der Grafschaft
Glatz auf 40 böhmische, oder zwey Stunden Meilen,
die größte Breite aber von Hanspach bis Freystadt auf
35 Meilen, woraus er den ganzen Umfang von Böhmen auf 120 Meilen berechnet b). „Unser Balbin c)
schrenket Böhmens Länge auf 38, die Breite auf 34,
und den ganzen Umfang auf 110 Meilen ein; woraus
einer der gelehrtesten Geographen zu unsrer Zeit Hr. Bü-
sching ungefähr 900 Quadratmeilen für Böhmens
Flächeninhalt folgerte d), welche andere auf 909, wohl
auch auf 915 bestimmet hatten.   Im Jahr 1760
stellte endlich der gelehrte Jesuit Bernard Erber, mit der
von Wolfgang Wieland verjüngten Müllerischen Karte mit vielem Fleiß und Mühe neuerdings einen Ver-
such an, und fand, daß sich die Länge dieses Königreichs
auf 38, die Breite auf 30, der ganze Umfang auf 107
böhmische, oder zwey Stunden Meilen, und endlich
                                        der

a) Balbin Misc. D. 1. L. 3.
b) Stransky R. B. c. 1.
c) Balbin Misc. D. 1. L. 1.
d) Geographie T. 3.

der sämtliche Flächeninhalt ungefähr auf 682 Quadratmeilen belaufe c).

§. III.

Volksmenge.

So unentschieden als die eigentliche Größe dieses Königreiches bis jetzt geblieben ist, eben so unbestimmt verhielten sich unsere Statistiker in Angebung der eigentlichen Anzahl der Einwohner. Daß Böhmen noch zu Anfang des vorigen Jahrhunderts um ein beträchtliches mehr bevölkert war, als es zu Kaiser Leopoldszeiten gewesen, läßt sich ganz deutlich daraus schließen, weil im 1622, und den darauf folgenden Jahren mehr als dreyßig tausend Ansäßige Familien, ohne Weib, Kinder und die übrigen Dienstboten mit zu rechnen, Böhmen verlassen haben. Indessen aber hat die Population allmählig wieder so zugenommen, daß die jetzige Anzahl der Einwohner, jener zu Kaiser Rudolphs II. Zeiten ziemlich eine gleiche Bilanze halten mag.“ Nach der im J. 1770 vorgenommenen Konskription, hat man in Böhmen 1194999 Mannspersonen, darunter 218277 zu Kriegsdiensten tauglich waren, 244 Städte, 303 Marktflecken, und 11284 Dörfer gefunden. Weil aber bey dieser Gelegenheit oft zwey, auch drey kleinere Oerter zusammen gezogen wurden, so kann man hieraus nicht auf die eigentliche Zahl der Oerter schließen. Eine unserer neuesten statistischen Tabellen setzet die Anzahl der Einwohner auf 2528711. Die eigentlich bestimmte Anzahl der Städte, Marktflecken, Dörfer, verfallenen Schlösser,

A 4 und

c) Notitia Illust. Reg. Bohem. P. I. c. I.

und kleineren Wohnstätten, die eine eigene Benennung haben, werden meine Leser sowohl aus der am Ende eines jeden Kreises beygesetzten Berechnung, als auch aus dem vollständigen alphabetischen Register ganz deutlich ersehen.

§. IV.

Staatseinkünfte und regulirte Truppen.

Weil die Staatseinkünfte nicht bestimmet sind, sondern bald fallen, bald wieder steigen, so ist es auch schwer die gewisse Summe derselben anzugeben: dessen ungeachtet wollen einige versichern, daß sich die jährlichen Revenüen vom Königreiche Böhmen zur Zeit der Ruhe und des Friedens, sowohl an dem Ordinario als Extraordinario, wie auch an Militär- und Kameralquanto auf 15000000 belaufen. Nachdem im J. 1753. festgesetzten Militärfuße werden jetzt über 60000 regulirte Truppen in Böhmen stets unterhalten a).

§. V.

Politische Landesverfassung.

Böhmen wird sowohl in geistlichen als politischen Angelegenheiten durch besondere Dikasterien, Gerichtsinstantien, und Landesämter regieret. Die geistlichen Geschäfte werden theils durch den prager Erzbischof, und die Bischöfe zu Leutmeritz, Königgratz und Budweis, theils durch die im J. 1782. den 31. Aug. eingeführte Religionskommission geschlichtet. Die oberste Stelle im politischen Fache ist das Landesgubernium, welches

a) Statistische Tabelle.

welches seligen Andenkens Kaiserinn Königinn Maria Theresia im J. 1763. den 22. Juny an die Stelle der aufgehobenen Repräsentation festgesetzet hatte. Die Vorsteher dieser hohen Landesstelle wurden zuvor Vicekönige genannt, heut zu Tage führen sie den Titel eines Oberstburggrafen oder Landeschefs. Diese ansehnliche Stelle bekleidet jetzt Franz Anton Reichsgraf von Nostitz und Rhinek, Sr. k. k. apost. Maj. wirkl. geheimer Rath und Kämmerer, Großkreuz des kön. St. Stephansordens, und Präsident des hochlöbl. k. k. Landesgubernii.

Die übrigen hohen Gerichtsinstantien vermög des neuen Justizsystems sind: das Appellationsgericht, welches in Ansehung der deutsch-böhmischen Lehen zugleich die erste Instanz ausmachet, und in Ansehung derselben die deutsche Lehnschrane genannt wird; und das Landrecht.

Die obersten Landesofficier in Böhmen sind: Oberst Landeshofmeister, Franz Xaver. Reichsgraf von Wießnik, des kön. St. Stephansordens Großkreuz, Sr. k. k. apost. Maj. wirkl. geheimer Rath und Kämmerer, Präsident des allgemeinen k. k. Appellations-und Kriminalobergerichts, dann der k. k. deutschen Lehenshauptmannschaft im Königr. Böheim.

Oberst Landesmarschall, Adam Franz Reichsgraf von Sternberg, Ritter des Ordens St. Wenzel, Sr. k. k. apost. Maj. wirkl. geheim. Rath und Kämmerer.

Oberst Landeskämmerer, Joseph Wilhelm Reichsgraf von Nostitz und Rhinek, Sr. k. k. apostol. Maj. wirkl. geheimer Rath und Kämmerer.

A 5. Oberst

Oberst Landesrichter, Franz Joseph Reichsgraf von Pachta, Freyherr von Rayhofen, Sr. k. k. apost. Maj. wirkl. geheimer Rath, und Präsident der k. k. Landrechten im Königr. Böheim.

Oberst Lehenrichter, Prokop Reichsgraf von Lažanßky, Freyherr von Bukowe, Sr. k. k. apost. Maj. wirkl. geheim. Rath und Kämmerer, Vicepräsident des hochlöbl. k. k. böhm. Landesgubernii.

Oberst Landesschreiber, Johann Wenzel Freyherr von Aßfeld und Widrži.

Landes Unterkämmerer, Johann Marcell Ritter von Hennet, Sr. k. k. apost. Maj. Rath.

Unterkämmerer der kön. Leibgedingstädte, Johann Nep. Reichsgraf von Sternberg, Sr. k. k. apost. Maj. wirkl. geheim. Rath und Kämmerer.

Burggraf des Königgrätzer Kreises, Joachim Neßlinger, Ritter von und zu Schelchengraben.

Die Landtage, welche einmal des Jahrs, und mehrentheils im Herbste gehalten werden, schreibet der regierende König aus. Dabey versammeln sich die vier Landesstände, nämlich der Geistliche, welchen der prager Erzbischof, die Bischöfe zu Leutmeriß, Königgraß und Budweis, das prager Domkapitel, und ein und zwanzig Prälaten oder Aebte ausmachen, der Herrenstand, dazu Fürsten, Grafen und Freyherren gehören, der Ritterstand und Bürgerstand, zu welchem nur die Stadt Prag, Pilsen, Budweis und Kuttenberg, als welche Siß und Stimme im Landtage haben, gerechnet werden.

§. VI.

§. VI.

Fruchtbarkeit des Landes.

Daß Böhmen eines der schönsten und fruchtbarsten Länder in Europa sey, wird wohl niemand in Zweifel ziehen, der sich eine Zeitlang in demselben aufgehalten, und mit ihm etwas näher bekannt gemacht hatte, wenigstens hat man untrügliche Beyspiele, daß viele Ausländer, die sich in Böhmen seßhaft machten, demselben viele Vorzüge vor anderen Ländern eingeräumet, und ihres Vaterlandes selbst darüber vergessen haben. Die Luft ist rein, gesund, und nach der Abwechslung der Jahreszeiten mittelmäßig kalt oder warm, so, daß man nur gar selten Ursache hat über eine allzugroße Hitze oder Kälte zu klagen. Der Boden ist mehrentheils fett und fruchtbar, und nur in einigen wenigen Gegenden sandig, er versieht uns jährlich mit einer solchen Quantität an Getraide von allerley Gattungen, daß wir auch unsere Nachbaren damit zu versehen im Stande sind. Die Wälder liefern uns noch jetzt einen hinlänglichen Vorrath an Roth- und Schwarzwild, an Hasen, Phasanen, Auer- und Birkhünern, wie auch an verschiedenen anderen Feld- und Waldvögeln. Die Flüße und Teiche versehen uns nebst Perlen, und verschiedener Art von Fischen, dergleichen sind: Lachsen, Hechten, Karpfen, Aalen, Störe, Aschen, Welse, Forellen, Berstlinge, Schleyen u. a. m., auch mit wilden Gänsen, Aenten, Schnepfen, Rohr- und Wasserhünern. Die fetten Fluren und Gefilde verschaffen uns das beste Rind- und Schafvieh, wie auch in einigen

Krei-

Kreifen Pferde vom beſten Schlage. Die theils um Prag, theils im Leutmeritzer und Bunzlauer Kreiſe an= gepflanzten Weinberge bieten uns den beſten ſowohl wei= ßen als auch rothen Wein dar, der dem Burgunder an Güte wenig nachgiebt. Aus dem innern Schoße der Erde holen wir nebſt unzähligen Edelſteinen, derglei= chen Granate, Saphire, Topaſen, Amethiſten, Hya= cinthe, Jaſpiſſe, Chalcedonier und Karniole ſind, auch vieles Gold, Silber, Bley, Eiſen, Kupfer, Zinn, Schwefel und Salpeter. Die Einkünfte der königli= chen Bergwerke in Böhmen allein, beliefen ſich vom J. 1755. bis 1764. auf 3100437 Gulden.

§. VII.

Böhmen ein Königreich.

Ungeachtet Böhmen anfänglich nur von mehreren Herzogen beherrſchet wurde, aus welchen jener zu Prag zu allen Zeiten der mächtigſte war, und ſich die übrigen nach der Zeit durch Hülfe der Waffen unterworfen hatte; ſo ſind dennoch im J. 1086. Wratiſlaw II. und im J. 1158. Wladiſlaw II. als Könige erkläret und gekrönet worden. Allein weil die Kaiſer ſolche Würde den obgedachten Königen nur perſönlich, nicht aber erblich mitgetheilet haben, iſt ſelbe mit ihnen aber= mal erloſchen; bis endlich Kaiſer Otto im J. 1203. zu Merſeburg in Anweſenheit vieler Reichsfürſten und päbſtlicher Legaten Przemiſl Ottokar dem erſten die königliche Krone aufgeſetzet, und Böhmen auf ewige Zeiten für ein Königreich erkläret hatte.

§. VIII.

§. VIII.

Böhmen kein Lehnreich.

Böhmen besaß von undenklichen Zeiten her, nicht durch die Verstattung der deutschen Kaiser, sondern eigenmächtig, und Kraft seiner unumschränkten Landeshoheit, das Recht Münzen zu prägen, und die ungestörte Freyheit sich Könige nach eigenem Gutachten zu wählen. Das erste beweisen die ausdrücklichen Worte in der goldenen Bulle Kaiser Karls IV. wodurch er verordnet; daß den Königen in Böhmen, so wie es ihnen vor Alters geziemet hatte, auch ferner frey stehen möchte an allen Orten und Enden ihres Königreichs, und in den ihnen unterworfenen Landen Münzen von Gold oder Silber zu schlagen, oder schlagen zu lassen a). Das zweyte läßt sich ganz deutlich aus dem Betragen Brzetislaws des ersten folgern. Dieser Herzog fürchtete, seine fünf Söhne würden nach seinem Tode um das Herzogthum streiten, und das Land in große Zerrüttung setzen, darum bat er auf seinem Sterbbette die herumstehenden Wladicken, sie wollten als ein Landesgesetz gelten lassen, daß künftig allemal der älteste aus dem herzoglichen Stamme über Böhmen herrschen solle b). Sie willigten zwar dieser Bitte ein, und bestätigten solches als eine Verordnung für künftige Zeiten, warfen aber selbst wider diese eingeführte Erbfolge über den Haufen, da sie 1216. Wenzel den ältesten Sohn Przemisls, zu

dessen

a) Bulla aurea. c. 10. §. 1.
b) Cosmas L. 2.

deſſen Thronfolger beſtimmet, und angenommen haben.
Freylich ließ Herzog Brzetiſlaw II. im J. 1099. ſeinem Bruder Borziwoy die Nachfolge in Herzogthume
Böhmen vom Kaiſer Heinrich beſtätigen, allein man
weis auch wie ſehr die Stände ſolches Betragen miß-
billiget haben. Empfiengen ja nun einige unſerer Herzoge die Lehnfahne aus der Hand der Kaiſer, die ſich
zu allen Zeiten bemühet haben, ein ſo freyes und un-
abhängiges Land in ein Lehn zu verwandeln, ſo geſchah
ſolches allemal entweder aus einer nicht wohl anſtän-
digen Schmeicheley, oder war ſolches, wie H. Adaukt
Voigt gründlich darzeiget c), nur ein bloßes Ceremo-
niel, wodurch die böhmiſchen Landesfürſten theils ein
höfliches Nachgeben gegen die Kaiſer bezeugten, theils
ſich bey den deutſchen Fürſten ein größeres Anſehen
geben wollten. Doch nie geſchah ſolches mit Bewilligung der Landesſtände, die doch zu jenen Zeiten an
der geſetzgebenden Macht und dem Kriegsrechte den
überwiegenden Antheil hatten, und ohne deren Gutachtung, vermög der alten Landesordnung d), keine
Landesfreyheit vergeben werden konnte.

§. IX.

Böhmen ein Erbreich.

Bey dieſer freyen Königswahl blieb Böhmen ungehindert bis auf die Zeiten Kaiſer Carls IV., der über
das

c) Münzbeſchreib. T. 1. 2.
d) Böhm. Landesordnung. D. 49. Z. 4. Staatrechte T.
　13. Landtag von 1557.

das bisher übliche, und im J. 1212. von Kaif. Friedrich
dem zweyten den böhmischen Ständen bestätigte Vorrecht, 1348. eine solche Erklärung machte, daß die
Böhmen nur in solchem Falle einen neuen König wählen dürften, wenn kein Nachkommen von männlicher
noch weiblicher Seite vorhanden wäre, und solchem-
nach wollte Karl schon damal Böhmen für ein Erbkö-
nigreich erklären. Es scheinet aber, daß die Stände
solche Erklärung nicht angenommen, indem sie erst im
1350. Jahre auf ein wiederholtes Begehren Karls
Willen Genüge geleistet, seinen ältern Sohn Wenzel
zum künftigen Regenten gewählet, und ihm den Eyd
der Treue abgeleget haben. Ein gleiches that auch
Kaiser Ferdinand I. da er im J. 1549. den sämtlichen Ständen den Vortrag that, sie möchten seinen
ältesten Sohn Maximilian zum künftigen Thronfolger
wählen, obschon er 1545. den im J. 1526. von sich
gegebenen Revers, daß er von den böhmischen Ständen
freywillig gewählet worden wäre, für ungültig erkläret, statt dessen eine andere Urkunde, darinn er das
Erbrecht auf die Krone von Böhmen für sich und seine Nachkommen behauptete, ausfertigen, dieselbe auf
dem blutigen Landtage 1547. von den sämtlichen Landesständen bestätigen, und in die königliche Landtafel
einzutragen befohlen hatte. Im J. 1619. wollten
zwar die Protestanten in Böhmen ihren rechtmäßigen
Thronfolger Ferdinand den zweyten verstoßen, und das
Vorrecht einer freyen Wahl abermal hervorsuchen;
allein Ferdinand von einigen wenigen seiner treuen Va-
sallen, wie auch von Bayerischen und Spanischen
Truppen

Truppen unterſtüßet, zog wider Böhmen los, und
eroberte daſſelbe mit bewaffneter Hand. Von dieſer
Zeit an ließen ſich die Böhmen nicht nur den Gedanken,
ihr Königreich für ein freyes Wahlreich auszugeben,
vergehen, ſondern nahmen noch darüber die 1713. von
Kaiſ. Carl VI. wegen der weiblichen Succeßion feſtgeſetzte
Erbfolgsordnung (Sanctio pragmatica) als ein feſtes
und ewiges Reichsgeſetz an, Kraft deren im J. 1740.
Maria Thereſia nach dem Abſterben ihres Vaters
Carls VI., als deſſen älteſte Tochter, den Beſitz von
Böhmen genommen hatte. Kaiſer Carl VII. mit dieſer Erbfolge unzufrieden, machte als ein Abkömmling der
Erzherzoginn Anna Kaiſer Ferdinands I. älteſten Tochter Anſprüche auf Böhmen, bemächtigte ſich der Haupt-
ſtadt Prag, und ließ ſich daſelbſt 1740. öffentlich für
einen König von Böhmen ausrufen. Bald darauf aber
erhielten die öſterreichiſchen Waffen die Oberhand, und
Maria Thereſia wurde 1743. im Monat May als
rechtmäßige Erbköniginn von Böhmen zu Prag mit
größter Pracht gekrönet.

§. X.

Könige aus Böhmen zugleich Churfürſten.

Die Könige aus Böhmen ſind zugleich des H.
R. Reichs Churfürſten. Man findet ſchon im eilften
Jahrhundert, wie auch in übrigen darauf folgenden
Zeiten, daß unſere Herzoge und Könige in der Ver-
ſammlung der Churfürſten ſich befunden, und ohne allen
Widerſpruch die römiſchen Könige gewählet haben. Im
J. 1741.

J. 1741. wollten zwar die Churfürsten aus Köln, Bayern, Sachsen, Brandenburg und Pfalz die Chur=stimme der Erbinn des Königreiches Böheim Marien Theresien, als einer weiblichen Person nicht zugestehen, doch wurden bald darauf nach dem Tode Kaiser Karls VII. die böhmischen Gesandten zur Wahl eines neuen römischen Kaisers ohne Widerstand abermal zugelassen. Kraft der goldenen Bulle Karls IV. soll der König aus Böhmen bey der Wahl eines römischen Königs zwar die dritte Stimme, doch aber, weil er ein gekrön=tes und gesalbtes Haupt ist, den ersten Rang unter den weltlichen Churfürsten haben, und einem jeden andern Könige, er möge aus was immer erheblichen Ursachen auf dem Reichstage erscheinen, oder welch immer für einen Vorzug oder Würde bekleiden, unstreitig vor=gehen a).

§. XI.

Böhmen als ein Kreis des deutschen Reiches anzusehen.

Kraft einer auf der Krone Böhmen haftenden Churwürde und Erzschenkamte wollten die übrigen Churfürsten im J. 1548. auf dem Reichstage zu Augs=burg Böhmen dazu verbinden, daß selbe gleich ande=ren Reichsfürsten zur Entrichtung aller Reichsabgaben und Beysteuer verpflichtet wäre. Allein Kaiser Ferdi=nand I. widersetzte sich mit allem Ernste solchen Forde=rungen, behauptete die Unabhängigkeit dieses König=
reiches

a) Bulla aurea. c. 4. §. 1. & C. 6. §. 1. 4.

Erster Theil.   B

reiches vom deutschen Reiche, und erklärte daſſelbe von
allen Reichsanlagen und Steuern frey. Deſſen ungeachtet ließ ſich Kaiſer Joſeph der erſte als König
von Böhmen 1708. in das Churfürſten Kollegium
einführen, wodurch er, und ſeine Nachfolger zur Erlegung der gewöhnlichen Reichsabgaben, und drey hundert Gulden zur Unterhaltung der Reichskammer ver-
bunden, hingegen aber dem Königreiche Böhmen ein
ſicherer Schutz wider alle ſowohl einheimiſche als auswärtige Feinde angeboten worden. Von dieſer Zeit an
wird das Königreich Böhmen für einen Reichsſtand,
und gleichſam für den zehnten Kreis des röm. Reiches von Publiciſten angeſehen.

§. XII.

Ritter des heil. Wenzel.

Die Könige aus Böhmen pflegen nach ihrer
Krönung gemeiniglich einige zu Rittern des heil. Wenzel zu ſchlagen. Man kann zwar aus Mangel der
hinlänglichen Urkunden die eigentliche Zeit nicht beſtimmen, wann dieſer Ritterorden in Böhmen eingeführ-
ret worden wäre, doch weis man ſicher, daß ſelber
ſchon zur Zeit Kaiſer Sigmunds in dieſem Lande
üblich geweſen, wie ſolches aus einem Majeſtätsbriefe,
den er dem Niklas von Lobkowitz im J. 1421. gegeben hat, klar zu erſehen iſt a). Maria Thereſia
ſeligen Andenkens Kaiſerinn und Königinn von Böhmen hat im J. 1743. nach vollzogener Krönung die
noch

a) Paprocky de ſtatu Dom.

noch jetzt lebenden Reichsgrafen Adam von Sternberg, und Johann Karl Chotek von Chotkowa zu
Rittern des heil. Wenzel geschlagen.

§. XIII.

Böhmens Eintheilung.

In den ältesten Zeiten ist Böhmen in zwey Haupt-
theile, nämlich in Böhmen diesseits, und jenseits der
Elbe, diese aber wieder in mehrere Fürstentümer und
Bezirke, als den Szatzer, Raurimer, Bssower,
Billiner, Liblzer u. s. f. eingetheilet worden. Nachdem aber diese verschiedenen Bezirke theils durch die
Gewalt der Waffen unter den Gehorsam der prager
Herzoge gekommen waren, theils aber sich selbst freywillig unter den Schutz derselben begeben, und sodann
ein weitschichtiges Gebiet ausgemacht haben, fanden
sich alsbald einige in den von Prag entfernten Gegenden, die ihre Nachbarn durch wiederholte Streifereyen
beunruhigten, und die ganze Gegend um sich herum
mit Schrecken und Gefahr erfüllet hatten. Die folgenden Könige machten zwar verschiedene Vorkehrungen diesem Uebel für künftig vorzubeugen, rückten wider
solches Raubgesind zu Felde, und zerstörten ihre festen
Schlösser, konnten aber dennoch keineswegs die allgemeine Sicherheit und Ruhe im Lande zuwegen bringen. Kaiser Karl IV., der für das Wohl seines Vaterlandes eifrigst besorget war, und solche Landesun-
ruhen nicht länger mit gleichgültigen Augen ansehen
konnte, theilte Böhmen im J. 1356. in zwölf Kreise

B 2   ein,

ein, die er Cžudy nannte, nämlich in den Kauti-
mer, zu dem auch die Alt- und Neustadt Prag gehörte, Pilsner, Leutmeritzer, Königgrätzer, Chrudimer, Prachiner, Bunzlauer, Saatzer, Cžaslauer,
Bechiner, Rakonitzer und Schlaner, dem die kleine
Stadt Prag einverleibet wurde, und stellte einem jeden
dieser Kreise zwey Hauptleute oder Cžudarien vor, deren einer vom Herren-, der andere aber vom Ritterstande war, welche für die Herstellung der allgemeinen Sicherheit sowohl auf den Straßen, als im übrigen flachen Lande sorgen mußten. Allem Ansehen nach
aber sind diese ansehnliche und höchstnöthige Aemter zur
Zeit der hussitischen Unruhen gänzlich wieder abgekom-
men, indem Heinrich Praček von Lipa, dem man im
J. 1442. in einem allgemeinen Landtage zu Prag die
Verwaltung des ganzen Landes anvertrauet hatte, neuerdings die oberwähnten Kreise mit einem Hauptmann
und zweyen Unterordneten aus dem Ritterstande besetzet, und in ehemaliger Bestimmung bekräftiget hatte.
Die Macht solcher Kreishauptleute war zu jenen Zeiten dermassen unumschränkt, daß sie 1444. nach dem
Tode des gleichgemeldten Heinrichen von Lipa, Geor-
gen von Podiebrad Hauptmann des Königgrätzer
Kreises zum Statthalter von Böhmen eigenmächtig gewählet, und demselben den Eid der Treue abgeleget
haben. König Wladißlaw II. fügte zu der ehemaligen
Eintheilung Böhmens noch den Podbrder und Moldauer Kreis hinzu a). Diese Zergliederung blieb festgesetzet bis auf das 1569. und 1579. Jahr, wo die
Stadt

a) Balbin. Misc. D. I. L. 3.

Stadt Prag in einem allgemeinen Landtage von den übrigen Kreisen getrennet, und die Kleinseite sowohl, als auch die Alt- und Neustadt mit eigenen Hauptleuten versehen worden sind. Im J. 1714. hob Kaiser Karl VI. auf Vorschlag der böhmischen Stände die alte Eintheilung auf, zog den Schlaner mit dem Rakonizer, und den Podbrder mit dem Moldauer Kreise zusammen, woraus abermal nebst dem Egrischen Bezirke, zwölf Kreise in Böhmen entstanden sind. Da aber der Bechiner, Königgrätzer, Saazer und Pilsner Kreis ihrer weitschichtigen Größe wegen von einem Kreishauptmann nicht füglich besorget werden konnten, wurde im J. 1751. jeder dieser vier Kreise in zwey Theile getrennet; diesem zu Folge werden heut zu Tage sechzehn Kreise in Böhmen gezählet, als der Bunzlauer, Bidzower, Königgrätzer, Chrudimer, Czaslauer, Taborer, Budweiser, Prachiner, Pilsner, Klattauer, Saazer, Leutmerizer, Rakonizer, Rautimer, Berauner und Elbogner, zu dem auch der Egrische Bezirk gehöret.

§. XIV.

Der Adel in Böhmen.

Obgleich unser hohe Adel nicht mehr eine so überaus große, und fast der Verschwendung nahe kommende Pracht und Aufwand in seinem Betragen führet, wie es noch zu Anfang des vorigen Jahrhunderts in Böhmen üblich war; so findet man dennoch bey den meisten Häusern unsers Adels noch heut zu Tage einen solchen Glanz,

B 3 der

der ihren Einkünften angemessen ist, und unserm Vaterlande zum Ruhme gereichet. Er ist gnädig, gütig,
und oft mit eigenem Nachtheile gegen seine Unterthanen,
und andere Nothleidende wohlthätig, liebreich gegen die
Fremde, und dermaßen herablassend gegen jedermann,
daß man oft von einer Dame vom ersten Range mit einer
viel leutseligeren Achtung aufgenommen wird, als von
einigen anderen niedrigern Herkommens, deren Stolz
nur auf dem ungeheuren Stammbaume ihrer Groß- und
Urnamen gegründet ist. Der größte Theil unsers Adels
ist der Französischen, Lateinischen, ächt Deutschen, Italiänischen und Englischen, zum Theil auch der Böhmischen Sprache gleich kündig. Die Kavalier sind größtentheils den Wissenschaften geneigt, die sie theils durch
reichliche Unterstützung befördern, theils auch durch Verfassung verschiedener Werke von jeher selbst ausgebreitet
haben. Auch unsere Damen, welche oft viele Stunden einer guten Lektür widmen, sind den Musen nicht
unhold. Viele der böhmischen Kavalier bekleiden auch
ansehnliche Erbämter in ihrem Vaterlande, dergleichen
sind:

Oberst Erblandhofmeister, Franz Ferdinand Kinsky,
Reichsgraf von Chinitz und Tettau, Sr. k. k. apost. Maj.
Kämmerer.

Oberst Erbsilberkämmerer, seit dem Absterben des
Grafen von Uhlefeld ist diese Stelle noch nicht ersetzet
worden; doch wird solches Amt bey vorkommenden Fällen von dem Franz Joseph Reichsgrafen von Thun vertreten.

Oberst Erbschatzmeister, Franz Ernst Reichsgraf
von Wrtby.   Oberst

Oberſt Erbpannier des Herrenſtandes, Graf von
Korzensky aus Mähren.

Oberſt Erbpannier des Ritterſtandes, von dem Ab=
ſterben des Oberſt Landſchreibers Freyherrn von Wan=
czura blieb dieſe Stelle unerſetzet, inzwiſchen aber wird
ſolche in ereignendem Falle durch den jetzigen Oberſt Land=
ſchreiber Johann Wenzel Freyherrn von Aſtfeld vertreten.

Oberſt Erbtruchſes, Rudolph Joſeph von und zu
Kolloredo, Reichsfürſt zu Walſee, Vicegraf zu Mels,
und Markgraf zu St. Sophia, Ritter des goldenen Vlie=
ßes, Sr. k. k. apoſt. Maj. wirkl. geheim. Rath, Käm=
merer und Reichshofvicekanzler.

Oberſt Erbkuchelmeiſter, Franz Adam Wratiſlaw,
Reichsgraf von Mitrowitz, Sr. k. k. apoſt. Maj. wirkl.
geheim. Rath und Kämmerer.

Oberſt Erbvorſchneider, Vincenz Reichsgraf von
Waldſtein und Wartenberg, Sr. k. k. apoſt. Majeſt.
wirkl. geheimer Rath und Kämmerer.

Oberſt Erbmundſchenk, Franz Joſeph Reichsgraf
Czernin von Chudenitz.

Oberſt Erbthürhüter, Joſeph Peter Mladota, Frey=
herr von Solopisk.

§. XV.

Wiſſenſchaften.

Wie ungegründet die Sprache einiger unſerer
gleichzeitigen Skribenten ſey, die unſer Vaterland für
einen kalten Boden ausgeben, der nur vor wenigen Jah=
ren erſt durch die Strahlen der aufgehenden Sonne wäre

erwärmet worden, läßt sich leicht schließen aus der großen
Anzahl unserer vaterländischen Schriftsteller, die uns Balbin in seinem Gelehrten Böhmen, die Herren Adauct Voigt
in actis litterariis bohemiae, Joseph Dobrowsky in der
böhm. Litteratur, Franz Pelzel in den Abbild. der böhm.
und mährischen Gelehrten, Stanislaus Wydra in der
Geschichte der Mathematik in Böhmen, und Leopold
Scherschnik, in den königgrätzer Gelehrten, geliefert,
und als verdienstvolle Männer vorgestellet haben, die
sich bey der Nachwelt durch ihre Werke einen unsterbli-
chen Namen, ihrem Vaterlande aber immerwährenden
Ruhm und Ehre erworben haben. Schon im J. 1248,
klagten nach Balbins Zeugniß a) einige Gelehrte über
den Verfall der Wissenschaften in Böhmen. Diesem
abzuhelfen faßte König Wenzel der zweyte den festen
Entschluß eine hohe Schule zu Prag, und zwey Lehr-
stühle der geistlichen und weltlichen Rechten zu stiften b).
Allein was der frühzeitige Tod demselben auszuführen
nicht erlaubte, brachte Kaiser Karl IV. im J. 1348,
den 7. April glücklich zu Stande, wovon wir ein mehreres zu sprechen bey der Beschreibung der hohen Schule zu Prag die Gelegenheit haben werden.

§. XVI.

Religion.

Fast kein Land in ganz Europa war von jeher so
vielen Religionsveränderungen unterworfen, als Böhmen. Die alten Slawen, die zuerst Böhmen bewohnet
hatten

a) Epitom. L. 3.
b) Franc. Prag. L. 1.

hatten, blieben gegen zwey hundert Jahre lang bey
ihrem Aberglauben fest, den sie aus ihrem alten Wohn-
sitze mit sich nach Böhmen gebracht haben, und verehr-
ten in verschiedenen von Erz gegossenen, und aus Stein
gehauenen Bildern mancherley Götter und Göttinnen,
denen sie in Wäldern und Haynen ihr Opfer darbrach-
ten. Dessen ungeachtet ließen sich schon unter Herzog
Hostiwits Regierung einige Lichtstrahlen des wahren
Glaubens auf unserm Horizonte blicken. Vierzehn der
vornehmsten böhmischen Herren ließen sich um das J.
845. in Deutschland eines bessern belehren, und nahmen
die Tauf samt der katholischen Religion an. Sie wurden aber bey ihrer Rückkehre nicht nur von den heidnischen Unterthanen verabscheuet, sondern auch aus dem
Lande vertrieben. Ein gleiches Schicksal ist auch dem
Herzog Borziwoy widerfahren, nachdem er sich um das
890. J. mit seinem ganzen Gefolge bey dem mährischen
Könige Swatopluk, durch den berühmten Apostel der
Slawen Methudius in der Lehre Jesu Christi unter-
richten ließ, und dieselbe in Böhmen einführen wollte.
Doch wurde er nach drey Jahren durch das Beythun
der Könige Arnulphs und Swatopluks wieder zurück
berufen. Bald nach seiner Rückkehre bauete er die
erste Kirche unter dem Titel des heil. Klemens Mart. zu
Lewy Gradecz, und brachte durch die ausnehmende
Beredsamkeit, und einen frommen Lebenswandel seines
Priesters Paul Beycha, den er aus Mähren mit sich
nach Prag genommen hat, nebst vielen anderen, auch
seine Gemahlinn Ludmilla in den Schoß der wahren
Kirche. Die folgenden Herzoge Spitignew und Wra-

tislaw

tislaw folgten Borimoys gutem Beyspiele nach, und ließen sich bestmöglichst angelegen seyn, die Lehre Christi in ganz Böhmen durch gelinde Mittel zu verbreiten. Drahomira Wratislaws hinterlassene Wittwe, und eifrige Götzenverehrerinn, brachte die heilsamen Bemühungen ihrer Vorfahren wieder in eine schröckliche Erschütterung; die neuerrichteten Gotteshäuser wurden zerstört, die Schulen für die christliche Jugend gesperret, die Priester theils aus dem Lande gejagt, theils mit unzähligen anderen Christglaubigen getödtet, unter welchen auch die fromme Fürstinn Ludmilla war, die sie auf ihrem Schlosse Tetin erdrosseln ließ.

Die Böhmen, obschon sie noch größtentheils Heiden waren, verabscheueten selbst die von Drahomira ausgeübten Grausamkeiten, und wurden wider sie noch mehr aufgebracht der Feindseligkeit wegen, die sie mit dem Kaiser Heinrich dem ersten angesponnen hatte, setzten sie derohalben vom Throne ab, jagten sie aus dem Lande, und nahmen den ältern Prinzen Wenzel zu ihren Regenten an. Die ersten Sorgen dieses frommen Herzogs giengen gleich bey dem Antritte seiner Regierung dahin, dem unter Drahomira merklich verfallenen Christentum wieder aufzuhelfen; zu diesem Ende rief er die vertriebenen Priester zurück, ließ die zerstörten Kirchen wieder herstellen, zum Theil auch mehrere andere von Grund auf neu errichten, unter welchen die Schloßkirche bey St. Veit zu Prag die vornehmste war. Die so schleinige Verbreitung des Christentums in Böhmen, wie auch die herrlichen Tugenden unsers Herzoges, und ungemeine Liebe und Achtung, die er sich sowohl bey seinen

nen

nen Untergebenen, als auch bey den Benachbarten erworben hatte, fachten in dem Busen seines Bruders Boleslaw einen unversöhnlichen Haß wider den Wenzel an, der ihn endlich zu dem grausamen Entschluß verleitet hat, seinen Bruder zu sich nach Altbunzlau zu laden, und ihn daselbst grausam zu ermorden. Dieser schandervolle Brudermord zeuget hinlänglich an, daß Boleslaw anfänglich sehr wenig Neigung gegen das Christentum gehabt hat; doch bereuete er bald darauf das begangene Laster, welches er allem Ansehen nach nicht so aus eigenem Triebe, als vielmehr auf Anhetzung seiner Mutter Drahomira verübet hatte, fieng die christliche Religion zu unterstützen an, brachte die Kirche bey St. Veit zu Stande, ließ selbe von dem regensburger Bischof einweihen, legte den Leib des heil. Wenzel in derselben bey, und war noch dazu fest entschlossen ein Bißtum zu Prag zu stiften; allein der bald darauf erfolgte Tod nöthigte ihn die Ausführung solches Vorhabens seinem Sohne Boleslaw dem frommen zu überaffen.

Gleich zu Anfang der Regierung dieses Herzogs fammelte sich eine fürchterliche Menge der böhmischen Heiden, die sich wider die Christen verschworen, und schröckliche Gewaltthätigkeiten an ihnen verübet haben. Boleslaw säumte nicht diesem Uebel vorzubeugen, schickte seinen Feldherrn Bratkimir wider dieselben, der ihnen bey Stranow eine große Niederlage beygebracht, und die übrigen aus dem Lande vertrieben hatte. Von dieser Zeit an war kein Dorf mehr in ganz Böhmen anzutreffen, welches sich nicht zu dem christlichen Glauben beken-

bekennet hätte. Fast zu gleicher Zeit stiftete auch Boleslaw das Bißtum zu Prag, bauete während seiner
Regierung zwanzig Kirchen, legte den Grundstein zu
den zwey ersten Benediktinerklöstern zu Brzewnlow, und
auf der Insel nahe bey Dawle, welche nach der Zeit
das meiste dazu beytrugen, daß der noch kleine Ueberrest der Heiden sich zu der christlichen Religion nach dem
Gebrauche der römischen Kirche bekehret hat.

Nicht weniger Mühe gaben sich auch die übrigen
Thronfolger die neuangehende christliche Religion in
Böhmen nicht nur ferner auszubreiten, sondern auch
dieselbe in ihrer Reinigkeit und blühendem Stande zu
erhalten. Dem zu Folge reinigte Brzetislaw der erste
die böhmischen Gesetze von allen heidnischen Aberglauben, stiftete ein Benediktinerkloster bey St. Iwan, und
brachte jenes zu Sazawa, wozu schon sein Vater den
Grund geleget hat, zu Ende. Spitignew der zweyte
stiftete eine Kollegialkirche zu Leutmeritz, ließ die vom
heil. Wenzel auf dem prager Schlosse aufgeführte Kirche abtragen, und legte den Grundstein zu einer neuen.
König Wratislaw der zweyte führte zu Opatowitz Benediktiner ein, und stiftete ein Domkapitel auf dem Wischehrad. Herzog Brzetislaw der zweyte gab endlich
den letzten Stoß dem noch hier und da zerstreuten Hei-
dentum, verbrannte die Hayne und Wälder, jagte alle
Wahrsager, Hexenmeister, und andere dergleichen Lan-
desbetrüger aus ganz Böhmen, und schafte noch die
übrigen Mißbräuche des heidnischen Aberglaubens gänzlich ab. Unter der Regierung König Przemisls des ersten wurden die Kreuzherren mit dem rothen Stern, die

Prä=

Prediger, Minoriten, und einige Frauenklöster in
Böhmen gestiftet, und prächtige Kirchen sowohl zu
Prag, als auch auf dem Lande aufgeführet.

Kaiser Karl IV., dieser würdigste Thronfolger
seiner erhabenen Vorfahren, verband mit seinem rühmlichen Religionseifer auch die wirksamsten Mittel und
Anstalten, die nunmehr in ganz Böhmen herrschende
katholische Religion bey ihren Vorrechten aufrecht zu
erhalten. Zu diesem Ende stiftete er eine hohe Schule
zu Prag, rief viele der gelehrtesten Männer aus entfernten Ländern herbey, welche nebst andern Wissenschaften hauptsächlich über Gottesgelehrheit lesen, und
die christliche Religion wider alle Anfälle der Gegner
schützen, und vertheidigen sollten. Er wirkte bey dem
Pabste Klemens dem sechsten aus, daß das prager Bißtum zu einem Erzstifte erhoben wurde. Legte zu Leutomischel ein neues Bißtum an, erklärte die bey Allerheiligen auf dem prager Schlosse zu einer Kollegialkirche, bauete nebst vielen anderen die Pfarrkirche zu St.
Heinrich auf der Neustadt, stiftete die Chorherren am
Karlshofe, und die Benediktiner in Emaus, jagte die
Geißler aus dem Lande, flößte dem Volke eine gezie-
mende Achtung gegen die Geistliche ein, weßwegen er
auch ein Kaiser der Priester genannt wurde, versah die
Seelsorger mit hinlänglichen Unterhalt, damit selbe keine Ursache haben für ihre geistlichen Verrichtungen von
ihren Pfarrkindern etwas zu fodern, sammelte auch aus
verschiedenen Ländern ansehnliche Heiligthümer, die Andacht und Frömmigkeit seines Volkes dadurch zu ver-
mehren. Darum sagte Balbin nicht ohne Grunde, daß

Böh-

Böhmen kein Jahrhundert gesehen habe, welches heili-
ger, und der christlichen Religion mehr zugethan gewesen wäre, als zur Zeit dieses erhabenen Regenten.

So eifrig und wachsam als dieser Kaiser für die
Aufnahme der katholischen Religion war, so schläfrig
und fahrläßig bezeigte sich dessen Sohn Wenzel in Be-
schützung und Aufrechthaltung derselben. Bisher war
Johann Huß Lehrer, und dann Rektor an der hohen
Schule zu Prag noch stets der reinen katholischen Kir-
chenlehre zugethan, erklärte mit anderen Theologen auf
der Synode zu Prag vierzig Artikel des Wiklefs für ke-
tzerisch, oder wenigstens, wie andere wollen, billigte
dieselbe für dießmal nicht, betrug sich sowohl gegen die
weltliche als geistliche Obrigkeit gehorsam, und gegen
seine Mitbürger friedsam. Allein im J. 1400. ließ
er seinem unruhigen Geiste freyen Zügel schießen,
warf sich mit Beystimmung des gemeinen Volkes, welches allemal gerne sieht, wenn das Ansehen ihrer Vorsteher herabgesetzet wird, zu einem allgemeinen Dik-
tator in geistlichen und weltlichen Suchen auf, zog über
die Mängel und Fehler des Adels, des Pabstes, und
der sämtlichen Klerisey los, und richtete seine Predigten so
ein, daß sie mehr einer beißenden Satyre, als der sanft-
müthigen Lehre Christi gleich waren. Huß war über
dieß auch ein abgesagter Feind der Deutschen, und darum wand er auch alle Mühe an, denselben auf alle er-
denkliche Weise eine Schlappe beyzubringen. Er fand
endlich die Gelegenheit seine rachgierigen Gesinnungen auszuführen, nachdem er den König Wenzel zu einer Entscheidung bewogen hatte, kraft deren den Böhmen bey
der

der Wahl eines Rektors auf der hohen Schule zu Prag
künftig drey Stimmen, den fremden Magistern hingegen
nur eine eingeraumet, und die prager Rathhäuser hinführo
ro mit sechzehn böhmischen, und nur zwey deutschen
Rathsverwandten besetzet werden sollten; worauf viele
tausend deutsche Studenten samt ihren Professoren die
prager Universität verlassen, und solcher Gestalt der Stadt
einen ungemeinen Schaden zugezogen, den Bürgern aber
größtentheils ihre Nahrung benommen haben. Durch
diese kühnen Unternehmungen, die Huß nunmehr mit
gewünschtem Erfolge ausgeführet hatte, wurde er nur
desto dreister und stolzer; billigte die Grundsätze des Wiklefs, die er ehedem verwarf, und vertheidigte sie öffentlich im Karoline, griff den Ablaß, und andere Lehrsätze
der katholischen Kirche an, brachte das ganze Volk in
der Stadt zum Aufruhr und Empörung, erklärte drey
Studenten, die der gestifteten Unruhe halber auf dem
altstädter Rathhaus enthauptet worden, für Glaubens
Märtyrer, und nannte den Pabsten öffentlich einen An-
tichristen. Sein stärkster Beweis diesen Satz zu erproben, bestand in folgender Antwort, die er jenen gab,
welche den Pabsten und die Kardinäle gesehen, und selbe
als gute und ehrliche Leute gefunden zu haben behaupten
wollten. "Wenn euch der Pabst und die Kardinäle so
wohl gefallen, gehet wieder nach Rom, und bleibet da.„
Huß ganz zufrieden mit jenen Unruhen, die er in Prag
gestiftet hatte, überließ jetzt die Stadt einem seiner stärk-
sten Anhänger Hieronym von Prag, und begab sich
nach seinem Geburtsorte Hußnez, um auf dem Lande auch
das Volk wider seine Vorsteher aufzuwiegeln. Er
brauch-

brauchte auch nicht viel Mühe solches zu bewerkstelligen, sondern fand in kurzer Zeit zahlreiche Verfechter seiner Lehre, die im ganzen Lande eine sehr große Unruhe, und viele Mordthaten an ihren Mitbürgern ausgeübet hatten. Bey allen diesen gefahrvollen Ausschweifungen des Volkes bezeigte sich der König Wenzel ganz unthätig, er saß voll Mißtrauen auf seinen Schlössern wohl bewachet, weil er sich durch die Herabstürzung des heil. Johann von Pomuck in dem Moldaufluß, und Hinrichtung vieler anderen sowohl vom Adel als der Klerisey, einen allgemeinen Haß zugezogen hatte, und bekümmerte sich eben so wenig die vorige Landesruhe wieder herzustellen, als die übrigen Reichsgeschäfte zum glücklichen Fortgang zu befördern. Dessen Bruder Siegmunden dauerte die schröckliche, und allzeit mehr und mehr um sich greifende Verwüstung des Landes, er dachte darum auf sichere Mittel der verderblichen Lehre Hieronyms und Hussens Einhalt zu thun, und rieth den zu Konstanz versammelten Kirchenvätern diese beyde vor sich zu laden. Nach geschehener förmlicher Vorladung erschienen beyde vor der allgemeinen Kirchenversamlung, wurden in Verhör genommen, und zur Abschwörung ihrer Irrthümer angehalten. Huß blieb bey seinem gefaßten Entschluße fest nichts zu wiederrufen; Hieronym entgegen fieng zu wanken an, unterwarf sich der Kirchenverfamlung, und hieß die Verurtheilung des Wiklefs sowohl, als Hussens gut. Bald darauf wiederrief er alle seine Worte, und gestand öffentlich, er wolle nach der Lehre dieser zweyen Männer leben, und sterben. Da nun weder Huß noch Hieronym zur Ab-

schwö-

schwörung ihrer Irrthümer sich bequemen wollten, über-
gab sie die sämtliche Kirchenversammlung dem weltlichen
Gerichte. Kaiser Siegmund, wie uns Hr. Kaspar
Royko im 2. Th. seiner Geschichte von der Kirchenversamlung zu Konstanz S. 286. berichtet, nahm diese
Uebergabe an, und sagte zu dem Churfürsten und Pfalz-
grafen am Rhein, als abgeordneten Beschirmer dieser
Kirchenversamlung: „Lieber Fürst! weil wir das
„Schwert nicht umsonst tragen, sondern zur Strafe über
„die, welche Böses thun; so nehmet hin diesen Mann
„Johann Huß, und beleget ihn in unserm Namen mit
„der Strafe, die ihm als einem Ketzer gebühret. Hier-
„auf übergab ihn Ludwig der Pfalzgraf dem Stadtvogte
„mit diesen Worten: Nehmet hin den Mann Johann
„Huß, der nach unsers allergnädigsten Herrn des röm.
„Königs Urtheil, und unserm eigenen Befehl als ein
„Ketzer verbrannt werden soll.„ Ein gleiches widerfuhr
auch das folgende Jahr darauf 1416. den 1. Junii dem
Hieronym von Prag.

Durch die Abschaffung dieser zweyen Männer aus
der Zahl der Lebenden, hoffete man auch die allgemeine
Religions- und Landesruhe in Böhmen wieder hergestellet zu haben. Allein die während der Zeit neu aufge-
brachte Lehre des Jakobell von Mieß Pfarrers an der
St. Michael Kirche in der Altstadt Prag, daß es un-
entbehrlich nöthig wäre zur Seligkeit, das heil. Abendmahl unter beyderley Gestalt zu genießen, und die Nachricht von der Verbrennung dieser zweyen Böhmen, brachte die ganze Nation, die sich solches zu einem stetswäh-
renden Schimpfe angerechnet hatte, ungemein auf. Ein

Erster Theil.   C   gro-

großer Theil des gemeinen Pöbels rottete sich zu vielen
Tausenden zusammen, besonders im bechiner Kreise,
wo sich vormals Huß aufgehalten, und geprädiget hatte,
diese sagten der römischen Kirche, und ihrem rechtmäßigen Könige Siegmund allen Gehorsam auf, wählten
den Johann von Troeznow, sonst Žižka genannt, zu
ihrem Anführer, überfielen unzählige Kirchen und Klöster, zerstörten Schlösser und Städte, verbrannten eine
große Anzahl der Geistlichen, hieben ohne Unterschied
alles nieder, was sich zu ihrer Parthey nicht bekennen,
oder ihnen widersetzen wollte, setzten solche Landesver-
wüstung durch achtzehn Jahre lang fort, und theilten
sich in kurzer Zeit in sechs verschiedene Sekten, nämlich:
Belchner, Taboriten, Orebiten, Waisen, Pikarden,
und Adamiten, die in ihren gefaßten Religionsmeinun-
gen von einander ganz unterschieden waren. Die Prager haben indessen gewisse Satzungen, die man insgemein
die vier prager Artikel nennet, für das ganze Land verfasset, und versprochen sich dem König Siegmund ganz
zu unterwerfen, wenn er diese folgenden Artikel bestätigen wollte. 1) Daß in Böhmen sowohl, als Mähren
das Wort Gottes frey, und ungehindert geprädiget werde. 2) Damit das heil. Abendmahl unter beyden Gestalten gereichet werde. 3) Damit alle Güter den Geistlichen benommen werden. 4) Damit alle Todsünden
bey den Layen sowohl, als Geistlichen von der weltlichen Obrigkeit bestrafet werden. Konrad prager Erzbischof, der sich schon bevor zu der Parthey der Hussiten
geschlagen, unterzeichnete diese Foderungen ohne alle
Schwierigkeit, Kaiser Siegmund aber weigerte sich solches

ches zu thun, in solange diese Artikel nicht von der Kirche gutgeheißen würden.

Da nun die katholische Religion in Böhmen von
Tag zu Tage in schlechtere Umstände gerathen, und
schon fast verloschen war, beschlossen die zu Basel versammelten Kirchenväter die Abtrünnigen durch Sanft-
muth und Güte in den Schoß der wahren Kirche wieder zurück zu führen, und trafen mit den Böhmen einen Vergleich, den man hernach die Kompaktaten nannte, vermög dessen den Böhmen der Genuß des heil.
Abendmahls unter beyden Gestalten erlaubet wurde, doch
mit der Bedingung, daß man den Empfang unter einer
Gestalt für hinlänglich zur Seligkeit halte, und sich in
widrigem Falle des nestorianischen Irrthums nicht schuldig mache, welche gelehret haben, daß der Leib Christi
allein unter der Gestalt des Brods, und das Blut Christi allein unter der Gestalt des Weins enthalten wäre,
und eben darum den Genuß unter beyden Gestalten als
unumgänglich nöthig behaupten wollten. Diese Erlaubniß ist im J. 1437. in der Frohnleichnamskirche zu
Prag öffentlich vermeldet, und in vier Tafeln von schwarzen Marmor mit goldenen Buchstaben, böhmisch, deutsch,
lateinisch und ungrisch gehauen worden. Von nun an
theilten sich die Katholiken in Böhmen in zwey Partheyen,
deren eine das heil. Abendmahl nur unter einer, die
andere aber unter beyden Gestalten empfieng, welcher man
insgemein den Namen der Utraquisten beygeleget hätte.
Beyde bekannten sich zu der römischkatholischen Kirche,
und erkannten den Kaiser Siegmund für ihren rechtmäßigen König und Herrn; die Taboriten aber sammt den

C 2   übri-

übrigen Sektirern wollten sich durchaus nicht bewegen lassen diesem Vergleiche beyzutreten.

Siegmund ließ sich ferner die ganze Zeit seiner Regierung hindurch die Aufrechthaltung der katholischen Religion sorgfältig angelegen seyn; jagte die Pikarden aus dem Lande, rief die vertriebenen Priester wieder zurück, führte den Gottesdienst nach römischkatholischem Gebrauche ein, und besetzte die öde stehenden Klöster abermal mit neuen Ordensgeistlichen. Rokyzana widersetzte sich zwar diesen Anordnungen, mußte aber bald darauf auf königlichen Befehl die Stadt Prag räumen. Er flüchtete sich von dannen nach Kuneticka Hora zu einem seiner vornehmsten Gönner Dionys Boček, und verblieb daselbst in Geheim bis zur Zeit König Georgs von Podiebrad, unter dessen Regierung sich allmählich wieder die vormal aus Böhmen verwiesenen Sektirer in Böhmen eingeschlichen haben.

Nach der Zeit wurde auch Luthers Lehre in Böhmen bekannt. Gallus Czahera von Saaß gebürtig kam vor kurzer Zeit von Wittenberg nach Prag, wurde Pfarrer am Thein, und rühmte Luthers Lehre in seinen Predigten an. Das Volk ließ sich ganz leicht sowohl durch Czaheras Beredsamkeit, als auch durch ein öffentliches Schreiben, welches Luther an die Böhmen ergehen ließ, zur Aufnahme solcher Neuerungslehre bereden. So eifrig aber als Czahera Luthers Säße bis jetzt verfochten hatte, so mußte er bald darauf wieder den Mantel nach dem Winde zu drehen, so bald der königliche Befehl durch den Bischof Thurzo in Böhmen kund geworden, daß künftig nur Katholiken und Utra=

quisten

quiſten den baſler Kompaktaten gemäß ſollen im Lande gebuldet, alle anderen Sektirer entgegen, und Luthers Anhänger vertrieben werden. Hier wußte Czahera gleich das Blatt zu wenden, hieß dieſes weiß, was er kurz bevor ſchwarz nannte, donnerte von der Kanzel wider Luthers Lehre heftig ab, und wurde plötzlich aus dem eifrigen Beſchützer der grauſamſte Verfolger der Pikarden und Lutheraner. Kurz darauf aber änderte er abermal ſeine Geſinnungen; die Abweſenheit Kaiſer Ferdinands des erſten, der zu dieſer Zeit mit dem Türkenkrieg beſchäftiget war, machte ihn kühn. Er lobte Luthern wieder öffentlich, bemühete ſich deſſen Grundſätze ſeinen Zuhörern beyzubringen, und fand in kurzer Zeit einen allgemeinen Beyfall. Indeſſen kehrte Ferdinand aus Ungarn zurück, vernahm mit groſſen Unwillen die Unruhen, welche Czahera zu Prag geſtiftet, verbannte ihn auf dem Landtage zu Budweis aus dem Lande, beſetzte zur größerer Verſicherung und Aufrechthaltung der katholiſchen Religion, das ungefähr 140 Jahre lang ledig geſtandene prager Erzbiſtum mit einem würdigen Manne Anton von Müglitz, führte zu Prag bey St. Klemens die Jeſuiten ein, erlaubte ihnen, nebſt den niedrigen lateiniſchen Klaſſen, auch über die heilige Schrift, und andere höheren Wiſſenſchaften öffentliche Vorleſungen zu geben, und erlangte endlich auch die Erlaubniß von Pabſt Pius IV. für die Böhmen, das heil. Abendmahl unter beyden Geſtalten zu genießen. Allein Dieſe obwohl ſehr kluge und einſichtsvolle Anſtalten unſers Ferdinands fruchteten bey den unruhliebenden Sektirern eben ſo wenig, als die vom Kaiſer Maximilian II.

C 3 dar-

darauf in Böhmen freygeſtellte allgemeine Religions-
freyheit, kraft deren die baſler Kompaktaten aufgehoben,
und einem jeden erlaubet worden, ſich zu einem Reli-
gionsſyſtem, ſo ihm das beſte zu ſeyn ſchien, ungehindert zu bekennen; ſie beſchimpften einander öffentlich,
ſchmählten über die gegen einander ſtreitende Glaubens-
ſätze, und verfolgten ihre Gegner mit Wort und Thaten.

Kaiſer Rudolph II. wollte endlich dieſen Landplagen ein Ende machen, und der ihnen zugedachten Religionsfreyheit gewiſſe Schranken ſetzen; die Akatholiken
aber wußten ſich im Gegentheil der mißlichen Umſtände,
in welche Rudolphen ſein herrſchſüchtiger Bruder Mathias verſetzet hat, ſolcher Geſtalt zu ihrem Nutzen zu
bedienen, daß ſie den Kaiſer unter Drohungen eines allgemeinen Aufſtandes genöthiget haben, den von ihnen
verfaßten Majeſtätsbrief zu beſtätigen, und ihnen das
Recht einzuräumen, ein eigenes Konſiſtorium zu führen,
die hohe Schule im Karoline mit ihren Lehrern zu beſetzen, und öffentliche Gotteshäuſer aller Orten zu bauen.
Ihre Ausſchweifungen giengen endlich ſo weit, daß ſie
die königlichen Statthalter Wilhelm Slawata und Jaroſlaw von Martinitz nebſt dem königl. Geheimſchreiber
Fabricius Platter aus den Fenſtern der königl. Statt-
halterey herabgeſtürzet, den altſtädter Bürgermeiſter
Heydel, nebſt anderen katholiſchen Rathsverwandten
aus dem Lande geworfen, den Erzbiſchof Lohelius, den
ſtrahofer Abt Kaſpar Queſtenberg, und den braunauer
Abt Wolfgang Selender aus Prag verwieſen, die Jeſuiten aus allen Erbländern vertrieben, die katholiſchen
Pfarrer faſt aller Orten abgeſchaft, und ihre Stelle mit

Akatho-

Akatholischen ersetzet haben. Sie schlugen endlich alle gebührende Achtung und Gehorsam gegen ihren rechtmäßigen König Mathias außer Acht, erklärten die im J. 1616. geschehene Wahl, wo sie den Erzherzog Ferdinand zu ihren künftigen Regenten angenommen hatten, für ungültig, sammelten ein zahlreiches Kriegsheer aus Böhmen, Mähren, Schlesien und Oesterreich, riefen die Ungarn zu Hülfe, trugen die Krone von Böhmen dem Pfalzgrafen Friedrich an, und wollten den Erzherzog Ferdinand samt seinen Kindern in der königlichen Burg zu Wien gefangen nehmen. Mathias machte zwar bey Zeiten alle nöthige Anstalten zu diesem unvermeidlichen Kriege, und wollte mit Gewalt der Waffen diese Empörer zum Gehorsam bringen; allein er starb zu Wien mitten unter diesen Kriegszurüstungen.

Hier saß nun Ferdinand mit einem gewaltigen Kriegsfeuer seiner akatholischen Unterthanen von allen Seiten umringet, und sah, daß er diese nunmehr in helle Flammen ausbrechende Unruhen weder in der Güte beyzulegen, noch mit der geringen Anzahl, der ihm treu verbliebenen katholischen Böhmen den Empörern die Spitze zu bieten im Stande wäre. Er rief derohalben den Herzog aus Bayern, und einige spanische Truppen zu Hülfe. Man schlug sich mit vieler Hitze über zwey Jahre lang, man that den Feinden vielen Abbruch, den sie aber allemal wieder durch neue Eroberungen ersetzten, bis endlich Ferdinanden das Glück gelang im J. 1620. den 8. Nov. seinen Feinden auf dem weißen Berge bey Prag eine Hauptniederlage beyzubringen. Friedrich aus der Pfalz gerieth hierüber in die äußerste Ver-

zweiflung

zweiflung, flüchtete sich samt seiner Gemahlinn in größter Eile bis Breßlau, und ließ die Krone von Böhmen
im Stiche, die jetzt Ferdinand mit bewafneter Hand erobert, und seine Widersacher gedemüthiget hatte.

Nach diesem so glücklich als herrlich erfochtenen
Siege, nahm sich Ferdinand vor, die sämtlichen Empörer nach dem Maaß ihres Verbrechens zu bestrafen.
Ließ sechs und zwanzig der Hauptempörer durch Schwert
und Strang auf dem altstädter Markte hinrichten, die
übrigen aber, wie es bey allen Rechtsachen der gefalle-
nen Parthey zu ergehen pfleget, wurden zur Bezahlung
der Kriegsunkosten verurtheilet, wodurch eine Summe
von 5307444½ Reichsthaler in die königliche Schatz-
kammer eingebracht wurde. Vergalt übrigens gleiches
mit gleichem, und befahl seinem Statthalter Karln von
Lichtenstein, die so schändlich aus Böhmen vertriebene
Geistlichkeit mit aller Ehre wieder einzuführen, die akatholischen Seelsorger des Landes zu verweisen, und die
geistlichen Pfründen mit katholischen Priestern wieder zu
besetzen. Ferdinand sah auch vor, daß er, an dessen
gesalbter Person selbst sich diese Empörer ehedem ver-
greifen wollten, Zeit seines Lebens vor ihren Ränken
nicht gesichert seyn würde, hob die Religionsfreyheit
gänzlich auf, schafte die basler Kompaktaten ab, und
ließ endlich 1627. seinen allerhöchsten Willen kund machen, kraft dessen allen und jeden die Ansäßigkeit in allen seinen Erblanden verböten wurde, die sich zur römischkatholischen Religion nicht bekennen wollten.

Von diesem Zeitpunkte an blieb die katholische Religion die allein herrschende in Böhmen, dessen Aufrechthaltung

haltung sich die folgenden Regenten bestmöglichst angelegen seyn ließen. Zu diesem Ende stiftete Kaiser Ferdinand der dritte im Jahr 1654. mit Bewilligung des Pabsts Innocenz X. ein neues Bißtum zu Leutmeritz, und Kaiser Leopold verlegte im Jahr 1664. mit Bestätigung des Pabstes Alexander VII., das von hussitischen Zeiten her zu Leutomischel erloschene Bißtum nach Königgrätz. Endlich weil die Kaiserinn und Königinn Maria Theresia, jene sorgfältige und einsichtsvolle Landesmutter erkennet hat, daß zur Aufrechthaltung der katholischen Religion nichts ersprießlicheres und vortheilhafteres seyn könne, als eine gründliche Unterrichtung der zarten Jugend, ließ sie, um diesen gewünschten Endzweck zu erreichen, die ehemalige Lehrmethode verbessern, und die Normalschulen in allen Erbländern mit glücklichen Erfolge einführen.

Diese eifersvolle Absichten unterstützte der würdigste Sohn dieser würdigsten Mutter Joseph II. durch die Anlegung eines neuen Bißtums zu böhmisch Budweis, und Vermehrung der katholischen Seelsorger zu größerem Behufe der Christgläubigen.

Leider aber! ungeachtet aller dieser so treflichen und heilsamsten Vorkehrungen und Anstalten, welche unsere erhabensten Regenten zur Aufrechthaltung der katholischen Religion in Böhmen getroffen haben, waren dennoch allemal schon von Hussenszeiten her einige unserer Landesleute, die sich zwar äußerlich mit uns zu einem gleichen Gottesdienst bekannten, ob sie gleich innerlich ganz andere Religionsgesinnungen geheget hatten. Diese verabscheuungswürdige Gleisnerey zu heben, und

C 5   die

die heiligsten Geheimnisse der katholischen Religion dem
Spott und Verachtung solcher Frevler zu entziehen, erlaubte unser allerweiseste Monarch und Kaiser Joseph II.
im J. 1781. den 13. Oktob. eine Gewissensfreyheit
oder Toleranz in allen seinen Erbländern unter folgenden Bedingungen. 1) Daß allen Protestanten der augs-
burgisch- und schweizerischen Konfession, wie auch den
nicht unirten Griechen aller Orten, wo deren Anzahl und
Kräfte zureichen ein Privatexercitium ihrer Religion,
doch ohne Geläute, Thürme, und kirchenförmige Ein-
gangspforte, auszuüben vollkommen freystehe. 2) Daß
diesen Religionsverwandten der freye Zutritt zu dem In-
colat, zu Professionen, Bürger- und Meisterrechten, aka-
demischen und Civildiensten, wo man nicht auf den Religionsunterschied, sondern bloß auf die Fähigkeit und
Rechtschaffenheit des Mannes zu sehen hat, offen stehe.
3) Wurde verboten, damit dergleichen Leute zu keiner
andern, als der ihren Glaubenssätzen angemessenen Ei-
desformel, noch zu einer andern Funktion, die der herrschenden Religion eigen ist, in keinem Falle angehalten
oder genöthiget werden sollen. Bald darauf erklärte
sich eine ziemliche Anzahl Bauern, und geringerer Bürger hauptsächlich in den böhmischen Kreisen, zu den ob-
bemeldten tolerirten Religionen. Man zählte in Böhmen 1784. den letzten Juny, nebst zweyen Superinten-
denten 25110 Seelen samt 31 Pastoren, die sich zur
Helvetischen, und 9050 Seelen samt 9 Pastoren, die
sich zur augsburgischen Konfession bekennet hatten.

Es fanden sich aber einige unter ihnen, die noch
darüber andere von der katholischen Kirche zu ihrer Lehre

re überführen wollten, vorgebend, daß ein solcher Abfall Seiner Maj. dem Kaiser zum Wohlgefallen gerei-
chen, jenen aber, die sich zu einem solchen Abfalle erklären, hierdurch manche Vorzüge, und zeitliche Vortheile zuwachsen würden. Solche vermessene Ausstreu-
ungen haben Seine Maj. der Kaiser mit größtem Unwillen vernommen, und deßwegen im J. 1782. den
26. April eine allerhöchste Anordnung nachgehenden In-
halts ergehen laffen:

"Die Anzeige von solch höchst ungereimten Vor-
"spiegelungen habe Seine Majestät nicht anders, als mit
"dem gerechtesten Unwillen aufnehmen können: Gleichwie
"die Aufrechthaltung der allein seligmachenden katholi-
"schen Religion, deren Aufnahme und Verbreitung, die
"nur durch Unterricht, und wahre Ueberzeugung am sicher-
"sten erreichet werden mag, unveränderlich Sr. Maje-
"stät theuerste Pflicht, und angelegenste Sorgfalt blei-
"bet; Also würde auch allerhöchst Dero landesväterli-
"cher Wunsch gewiß immer dahin gerichtet seyn, daß
"ohne Ausnahme Dero Unterthanen eben dieser heiligen
"Religion, deren Beförderung Sr. Majestät so sehr am
"Herzen liegt, aus freywilliger Ueberzeugung anhangen,
"und auf diesem sichersten Wege ihr Heil wirken möch-
"ten. Weit entfernet aber zu dem Endzwecke dieser er-
"wünschten Uebereinstimmung jemals einigen Zwang an-
"zuwenden, oder was immer für Mittel, außer der
"nützlichen Aufklärung und des liebvollen Unterrichts und
"guten Beyspiels zu gebrauchen, haben allerhöchst ge-
"dachte Se. Majestät sich gnädigst bewogen, der Men-
"schenliebe, und selbst Dero erklärten heilsamsten Ab-
"sicht

"ſicht wohl angemeſſen befunden, auch diejenigen Dero
"Unterthanen, welche Kenntniß und Ueberzeugung dem
"Schoße der heiligen Kirche noch nicht einverleibet
"hat, und die vielmehr einer der proteſtantiſchen in
"Dero Erblanden tolerirten Religionen zugethan ſich
"erklären, fortan die Duldung und das Exercitium
"ihrer Religion nach der beſtimten Vorſchrift der ſchon
"ergangenen Kundmachung zu verwilligen. Es wird
"demnach der Herr Kreishauptmann die ſo geſtaltige noch=
"mals erklärte allerhöchſte Geſinnung und Willensmeinung
"unverzüglich in dem beſorgenden Kreiſe den geſam=
"ten Landesobrigkeiten und Inwohnern mittelſt Austhei=
"lung gedruckter Cirkularien gehörig kund zu machen,
"auch insbeſondere jedermänniglich wohl einzubinden
"haben, daß alle diejenige, die ſich unterfangen ihre
"Hausgenoſſene, ihr Geſind oder ihre Unterthanen, es
"ſey durch widrige Ausdeutung der Toleranzgeneralien,
"falſche Vorſpiegelungen, oder etwa gar durch Dro-
"hungen und Thathandlungen zur Fürwählung einer
"oder der andern Religion zu verleiten, oder auch nur
"mit dem wahren Sinne der verwilligten Toleranz nicht
"übereinkommende irrige Begriffe anderen beyzubringen,
"unvermeidlich die allerhöchſte Ungnade ſich zuziehen,
"auch nach den Umſtänden unnachſichtlich auf das ſchär=
"feſte beſtrafet werden würden, um ſo mehr als derley
"unbeſonnene oder muthwillige Leute ſich eben des näm=
"lichen ſchädlichen Gewiſſenszwangs, den ſie für ihre
"Perſon ſo ſehr verabſcheuen, und wider den ſie durch
"die Toleranzgeneralien geſichert werden, gegen andere
"ſchuldig machen, und andurch ſich gegen die landes=
"fürſtliche Befehle am gröbſten vergehen werden.„

"Im Jahr 1784. den 28. Oktob. haben Se. Ma-
"jestät laut eines höchsten Hofdekrets zwar bewilliget,
"daß den Pastoren die Besuchung ihrer Glaubensge-
"nossen, und die Ertheilung des Unterrichtes für die
"Kinder des Besuchten gestattet werden möge, doch solle
"dem Pastor ausdrücklich bedeutet werden, daß bey die-
"sem für die Kinder des Besuchten zu ertheilenden
"Unterricht außer dem Hausvater, und den akatholi-
"schen Dienstbothen des Hauses niemand gegenwär-
"tig seyn dürfe.„

"Ferners haben Se. Majestät erkläret, daß den
"katholischen Prädigern bey dem Umstand, da auf dem
"Lande von Zeit zu Zeit so viele von der katholischen
"Religion abfallen, zwar nicht verwehret werde, die
"Leute zur Standhaftigkeit in dem rechten Glauben an-
"zumahnen, und von den Irrthümern der zweyerley
"akatholischen tolerirter Sekten zu warnen, und
"den Satz zu behaupten, daß kein wahres Priestertum bey
"diesen von der katholischen Kirche getrennten Sekten
"bestehen könne, nachdem sie keinen ordentlich geweih-
"ten Bischof haben, somit auch ihre Religionsdiener
"keine kanonischgeweihte Geistliche sind : jedoch wäre
"schärfst zu untersagen, und darob zu wachen, daß die
"Prädiger bey dergleichen Gelegenheiten nicht auf
"Schimpfreden, und verbothene Zänke, und Kontro-
"versen ausschweifen.„

Von dieser Zeit an läßt sich in unserm Vaterlande durch die weisesten Anordnungen unsers großen Mo-
narchen, durch die klugen Veranstaltungen des jetzigen
Oberstburggrafen, und durch eine genaue Vollziehung
der

der allerhöchsten Befehle, woran die sämtlichen Herren
Kreishauptleute ihre Pflicht nicht ermangeln lassen,
jedermann füglich dahin lenken, daß er sich mit seinem Mitbürger, ohne auf den Religionsunterschied zu
sehen, in wahrer Menschenliebe ruhig und friedsam
betrage.

§. XVII.

Sitten.

So lange unsere Vorältern in den Finstern des
Aberglaubens wandelten, so lange waren auch ihre
Sitten wild und roh. Sie wohnten, wie uns Prokop a) berichtet, nicht gemeinschaftlich in Städten und
Dörfern beysammen, sondern größtentheils in schlech-
ten und zerstreuten Hütten. Ihre Speisen waren grob
und schlecht, die sie meistens aus dem Thier- und
Pflanzenreich hergeholet haben; dessen ungeachtet aber
waren sie dennoch redlich, aufrichtig, und gastfrey gegen jedermann. Erst nach geraumer Zeit siengen sie
an die Vortheile des gemeinschaftlichen Lebens einzuse-
hen, wählten zu diesem Ende bequeme Gegenden am
Wasser und Wäldern, legten allmählich Dörfer und
Städte an, und ließen sich nach der Einsicht erfahr-
ner Männer, die sie zu ihren Herren und Richtern
bestellet haben, leiten und regieren. Sobald die
christliche Religion den festen Fuß im Lande gesetzet
hat, haben die Böhmen ihre rohen Sitten großentheils gemildert, die christliche Sanftmut, wahre Men-
schen-

a) L. 3. c. 40.

schenliebe; und die übrigen Tugenden nahmen unter ihnen allezeit mehr und mehr zu. Zur vollkommenen
Ausbildung der Sitten hat unstreitig König Johann
das meiste beygetragen. Die nach Frankreich und Ita-
lien oftmal wiederholten Reisen gaben seinem Gefolge,
welches allemal aus einem zahlreichen Adel bestand,
die gewünschte Gelegenheit, verschiedene Völker ken-
nen zu lernen, und nach deren Beyspiel ihre Sitten
und Gesetze zu verbessern. Unter der Regierung Karl
des vierten haben sich schon die Böhmen nicht nur in
der Verfeinerung ihrer Sitten, sondern auch in der
Samlung mancher schönen und nützlichen Künste und
Wissenschaften vor allen benachbarten Völkern hervorgethan, wodurch sie sich fähig und geschickt machten
die ansehnlichsten Ehrenstellen sowohl zu Hause, als
auch am kaiserlichen Hofe zu bekleiden. Die vom
Karl neu angelegte hohe Schule, und dessen festgesetz-
te Wohnung zu Prag lockte viele der erhabensten Fürsten und Grafen herbey, die sich hier seßhaft gemacht,
und prächtige Häuser und Palläste aufgeführet haben,
um an dem blühenden Glücke Böhmens Antheil zu
nehmen. Kurz, die Böhmen waren zu diesen Zeiten
eine der glänzendesten Nationen in Europa. Diesen
rühmlichen Hang zu den Wissenschaften, zur Liebe des
Vaterlandes, zu einem wohlgeordneten Gehorsam gegen die Landesfürsten, und eine ausnehmende Tapfer-
keit im Kriege lassen die Böhmen so, wie sie es von
ihren Vorältern geerbet haben, noch heut zu Tage
merklich an sich blicken. Darum kann ich mich über die
Dreistigkeit eines jetzt lebenden Böhmen nicht genug-

sam verwundern, der noch immer das Urgepräge einer Unbiegsamkeit und Härte an seinen Landesleuten
sehen will. Ich darf hier in gemeinschaftlicher Sache
keinen Zeugen abgeben, auswärtige Skribenten, denen
wohl niemand Treue und Glauben absprechen wird,
mögen hier nach eigener Erfahrniß für unsere gelieb-
ten Landesgenossene selbst das Wort führen. Helmoldus,
Cochlaeus, Bonfinius, Mathiolus legen einstimmig den
Böhmen diesen Ruhm bey, daß sie sich'im Kriege nicht
minder heldenmüthig bezeigen, als ein Löw, den sie in
ihrem Wappen führen. Man findet in Böhmen, sagen
sie, bey einem jeden Alter und Geschlechte eine lebhaf-
te Munterkeit, aufrichtiges Betragen in Umgang, und
eine große Neigung zu den Wissenschaften. Sie lei-
den keine Verachtung ihres Vaterlandes, und lassen sich
nicht so leicht die Waffen aus den Händen drehen, wenn
man sie mit Ungestüm zum Unwillen reizet. Hierony-
mus Balbus Bischof zu Gurk, ein Rechtsgelehrter und
Poet, merket in seinem Hodoeporico zum Ruhme unsers Vaterlandes folgendes an:

Hic homines nullo norunt livescere suco,
    Utque quis ore refert, sic quoque corde gerit.
Nulla magis gaudet gens hospite, nulla profectis
    Orbe peregrino mitior esse solet.

§. XVIII.

Kleidertracht.

Mit der Kleidertracht hat es bey unseren Vorfahren fast ein gleiches Bewandniß gehabt, wie mit
                    den

Einleitung.

den Sitten. Die ersten Slawen hatten fa .
kein anderes Gewand an, als die bloßen [
ohne Hemd, ohne Harnisch, ohne andere ...
nur mit kleinen Schildern und Wurfspießen versehen,
rückten sie wider ihre Feinde zu Felde a). Nach der
Zeit trugen sie hohe Mützen, und lange Röcke, um sich
wider die kalte Witterung zu schützen. Da sie aber zu
König Johanns Zeiten mit den Franzosen bekannt wurden, fiengen sie an ihre alte Tracht mit der französischen
zu verwechseln. Franciskus von Prag schildert uns die
zu König Johanns Zeiten angenommene Kleiderart mit
folgenden Worten b): "Die Böhmen fangen jetzt an
"lange Bärte zu tragen. Einige lassen das Haar lang
"herab wachsen, andere treiben solches, nach der Art des
"Frauenzimmers, mit Hülfe eines Brenneisens in die
"Locken, welche auf den Schultern zerstreuet liegen. Der
"Gebrauch der Mützen wurde abgeschaft. Sie verbes-
"serten ihre Tonkunst durch Einführung der Semitone
"und Quinten. Die bisher gewöhnlichen langsamen Tän-
"ze wurden mit geschwinden verwechselt. Der Schnitt
"in Kleidern ist eben so, als die Gesinnungen der Men-
"schen verschieden; ein jeder hält sich für glücklich, der
"eine neue Mode erfunden hat. Der Rock ist kurz, und
"die Aermel, welche gleich einem Eselsohre fast bis auf
"die Erde herabhängen, so eng zugeschnitten, daß kaum
"zwey Diener vermögend sind, solchen ihrem Herrn an
"den Leib zu bringen. Eben so knapp mußten die Bein-
"kleider

a) Procop. L. 3. c. 40.
b) Chron. Prag. L. 2. & Beneff. L. 4.

Erster Theil.   D

"Kleider an den Schenkeln, und die Stiefel oder Schuhe
"an den Füssen liegen. Einige gürteten ihre Lenden mit
"breiten Binden um, die aus Wolle verfertiget, und
"mit verschiedenem Metall gezieret waren, andere aber
"nur mit blossen Stricken nach der Art der Bettelmönche.
"Vom Rücken hieng eine lange und breite Kapuze tief
"herab. Das Frauenzimmer bediente sich kostbarer Sei=
"denschleyer, die am Rande mit Spitzen besetzet waren.
"Ihre Mäntel waren nicht minder mit vielen und brei=
"ten Borden besetzet als die Röcke, welche auf den Hüf=
"ten ganz knapp, unten aber breit, und in viele Falten
"geleget waren." Bißher hatten die Soldaten keine be=
stimte Kleidung, die von der gemeinen Bürgerstracht wä=
re unterschieden gewesen, sondern ein jeder zog in seinem
gewöhnlichen Hauskleide zu Felde; erst zu Karls IV.
Zeiten rüsteten die prager Städte eine zahlreiche Reute=
rey mit gleichem Uniforme aus, die den König nach
Rom begleiten sollte. Nach der Zeit nahm die Kleider=
pracht hauptsächlich bey dem Frauenzimmer dermassen
zu, daß sie fast bis zur Ausschweifung gerathen. Die
meisten derselben trugen sehr kurze Röcke, zugespitzte
Schuhe, und hoch aufgesetzte Köpfe c).

Dieser Luxus wurde endlich so allgemein, daß
er so gar bey dem Landvolke eingerissen, und durch ei=
nen Landtagschluß im J. 1564. eingeschränket werden
mußte, er lautet also: "Die Bauern sollen nicht mit
"Gold durchwirkte Zeuge, keine holländische Leinwand,
"und Spitzen an ihren Hemden, wie auch keine mit Gold

"vor=

c) Lib. memorab. Reginæ-Hradec. bey dem Ritter v. Bie=
nenberg in des Beschreib. der Stadt Königgrätz.

"bordirte Brustflecke und Hüte tragen.„ Zu Ende des
vorigen Jahrhunderts legten die Böhmen ihre langen
Bärte, weiße Kragen und breite Gürteln ab, und nahmen nach und nach die heutige Kleidung an. Die königlichen Räthe und Dikasteristen bedienten sich bey ihren Versamlungen der spanischen schwarzen Kleidung,
desgleichen auch die Aerzte, und Rechtsgelehrte; selbst
die Zünfte mußten bey öffentlichen Umgängen in solcher
Kleidung erscheinen. Allein im J. 1770. den 21.
Sept. wurde diese Kleiderart durch eine hohe Verordnung abgeschaft. Heut zu Tage trägt sich der Adel und
der Burger standesmäßig nach deutscher Art, obgleich
oft einige, deren Umstände nicht die besten sind, anderen reichen und wohlhabenden an Glanz und Pracht
vorkommen wollen. Der deutsche Bauer ist in unserm
Lande von dem böhmischen leicht zu unterscheiden. Dieser trägt einen ungestilpten schwarzen Hut, der mit einem seidenen Band oder Schnur, oft auch nur mit einer Strohbinde umwunden ist, auf dem Kopf, am
Hals, der in die Helfte entblößt ist, einen Kragen mit
groben Spitzen, blaue Strümpfe, und einen blauen oder
grünen, selten aber grauen Rock mit Häfteln, und ohne
Säcke; jener aber hat allemal den Hut auf drey Krem-
pen gestilpet, und meistens einen braunen Rock mit rothem Brustfleck nach Bürgerart zugeschnitten. Die
Bäuerinnen binden sich an keine gewöhnliche Farbe in
ihrer Kleidung, doch muß allemal der Rock, und die
Karsete am untern Theile in viele Falten geleget seyn.
Die ledigen bedienen sich einer weißen, zum Theil auch
einer schwarzen Stirnbinde, und flechten ihr Haar, wel-

ches gemeiniglich mit zweyen breiten meffingenen Haar-
nadeln auf dem Kopf befestiget wird. Diese Stirnbinde verwechseln sie gleich den Tag nach der Hochzeit mit
einer tiefen Haube.

§. XIX.

Sprache.

Obschon die slawische Sprache, welche unsere ersten Vorfahren aus ihren alten Wohnsitzen nach Böhmen gebracht haben, so wohl im ganzen Lande, als auch
bey dem Hofe selbst, so lange einheimische Herzoge und
Könige das Land regierten, herrschend gewesen war, so
weiß man doch zuverläßig aus den alterältesten Urkunden des zehnten und eilften Jahrhunderts, daß alle Reichs-
sachen, so wie auch die Inschriften der Münzen in la-
teinischer Sprache verfasset worden sind. Diese Hof-
und Landessprache blieb unverändert bis auf die Zeiten
des Königs Johann. Hier pflogen die Böhmen einen
genauen Umgang mit auswärtigen Völkern, und fiengen zugleich an sich der deutschen, italiänischen, und
französischen Sprache zu bedienen. Dessen ungeachtet
raumten die Böhmen zu allen Zeiten ihrer Muttersspra-
che den Vorzug ein, ja man bemühete sich um desto
fleißiger, besonders zu Rudolphs II. Zeiten, dieselbe aus-
zubilden, und allzeit mehr und mehr in Aufnahme zu
bringen: zu diesem Ende wurde im J. 1615. auf dem
Landtag zu Prag beschlossen, 1) das in allen Pfarr-
kirchen und Schulen, wo die böhmische Sprache zu solcher Zeit üblich war, auch ferner geprädiget, gelehret,
und

und beybehalten, in den übrigen aber dieselbe alsbald nach dem Ableben des Pfarrers oder Schulmeisters hergestellet werden sollte. 2) Daß man niemanden, der dieser Sprache nicht kundig ist, das Bürgerrecht mittheilen, und 3) alle diejenigen, welche böhmisch können, und nicht reden, oder anderen eine Abneigung von derselben beybringen wollten, aus dem Lande fortschaffen solle. Dieser Eifer aber für die böhmische Sprache nahm endlich ab, besonders zu Ferdinands II. Zeiten, da die deutsche Sprache bey allen öffentlichen Gerichten erlaubet und eingeführet worden ist. Von dieser Zeit an drang die deutsche Sprache von Sachsen, Bayern, und österreichs Gränzen mit grossen Schritten allzeit tiefer in Böhmen ein, und man trift jetzt ganze Kreise deutsch an, wo ehedem die böhmische Sprache allein üblich war.

§. XX.
Kriege.

Nun wollen wir auch in der Kürze jene Landplagen in Erwegung ziehen, die unser geliebtes Vaterland zu verschiedenenmalen gedrücket haben. Ich bin aber nicht gesinnet hier von den merkwürdigeren Landeskriegen eine weitschichtige Beschreibung, dergleichen uns die meisten Historiker geliefert haben, zu geben, sondern nur das Jahr, in welchem sie entstanden, die Veranlassung derselben, und endlich den darauf erfolgten Sieg oder die Niederlage anzumerken.

Gegen

Gegen das Jahr 806. wurden die Böhmen in einen gefährlichen Krieg mit Kaiser Karl dem Großen verwickelt. Den Anlaß dazu gab ein hunnisches Volk, welches sich dießseits der Donau, in dem heutigen Oesterreich niedergelassen hatte. Die Böhmen jagten diese ungebetenen Gäste aus diesem Lande, welches sie für das eigene angesehen haben, unverzüglich weg. Der Kaiser ergrif diese Gelegenheit wider Böhmen Krieg zu führen, die er schon lange erwartet hatte, mit Freuden, schützete das Volk, welches ihm zinsbar war, und rückte mit drey zahlreichen Heeren in Böhmen ein. Bald darauf kam es nahe bey Eger zu einem blutigen Gefechte. Die Böhmen erhielten zwar das Schlachtfeld, allein ihr Anführer Lecho wurde getödtet. Die Deutschen raumten für jetzt Böhmen, kehrten aber das folgende Jahr darauf mit einer viel schröcklichern Macht wieder zurück, plünderten auf ihrem Durchmarsche das halbe Land aus, legten Dörfer und Städte in die Asche, und setzten ganz Böhmen in Furcht und Schröcken. Diesem gefahrvollen Auftritte vorzubeugen, schickten die Böhmen ihre Abgeordneten an *Pipin* Kaisers Sohn, den Anführer des feindlichen Heeres, und schlossen mit ihm einen Frieden unter der Bedingung, daß sie dem Kaiser und seinen Nachfolgern einen jährlichen Tribut von hundert und zwanzig fetten Ochsen, und funfzig Mark Silbers entrichten wollten. Diesen Tribut aber schlugen die Böhmen den Kaisern in der Folge zu wiederholten Malen ab, wodurch viele blutige Kriege veranlasset wurden a).

Nach-

a) Sigeb. Gemblac. & Eginhard a Gelaf. Hist. T. 2.

Nachdem Herzog Boleslaw der erste theils aus
Antriebe seiner Mutter Drahomira, theils aus Regier-
sucht den grausamen Mord an seinem Bruder Wenzel
vollgezogen hatte, um die Krone von Böhmen desto
sicherer zu erhalten, versprach er den Böhmen, sie von
dem gewöhnlichen Tribute, welchen sie den deutschen Kaisern entrichten mußten, frey zu machen. Er erreichte
seine Wünsche, und zog alsbald mit bewafneter Hand
wider alle jene böhmische Wladiken, die an den Gränzen Deutschlandes unter dem Schuße des deutschen Kaisers regierten. Kaiser Otto der Große wurde über dieses Betragen dergestalten aufgebracht, daß er im Jahr
936. ein zahlreiches Kriegsheer unter der Anführung
des Grafen von Merseburg, und das folgende Jahr
darauf abermal frische Truppen unter dem Kommando
Hermanns nach Böhmen abgeschicket hatte. Unserm
Boleslaw gelung das Glück diese sämtlichen deutschen
Truppen erstens bey Wlastislaw, dann bey Bräx auf
das Haupt zu schlagen, und einen vollkommenen Sieg
davon zu tragen. Kaiser Otto wurde während der Zeit
in andere Kriege verflochten, und war genöthiget für
dießmal den Siegeszweig Boleslawen gänzlich zu überlassen. Kaum wurden aber diese Zwistigkeiten beigele-
get, fiel alsbald Otto selbst mit einem fürchterlichen
Heere im J. 950. neuerdings in Böhmen ein, eroberte viele
Städte, machte alles nieder, was sich ihm widersetzte, verwüstete das Land weit und breit um sich her, und erschien endlich mit seiner ganzen Macht vor der Stadt
Prag mit festem Entschlusse dieselbe mit stürmender Hand
einzunehmen. Diese unvermeidliche Gefahr von Böh-

D 4   men

men abzuwenden, schloß unser Boleslaw einen Friedensvertrag mit dem Kaiser, kraft dessen er sich verpflichtet
hatte, nicht nur den gewöhnlichen Tribut jährlich zu
entrichten, sondern auch dem Kaiser, so oft es die Umstände erfordern würden, mit Hülfstruppen beyzustehen b).

Im J. 976. zog abermal ein fürchterlicher Krieg
über Böhmen her, zu dem Heinrich Herzog aus Bayern Anlaß gegeben hatte. Dieser Herzog wurde seiner
Widerspänstigkeit wegen vom Kaiser Otto in die Acht
erkläret, er flüchtete sich nach Böhmen, und fand Schutz
bey unserm Herzog Boleslaw II. Otto verfolgte den
Flüchtling, rückte mit einem zahlreichen Heer in Böhmen ein, wurde aber von Boleslaw in dem Lager bey Pilsen überfallen, auf das Haupt geschlagen, und genöthiget mit Boleslawen Friede zu machen, und das Land
gänzlich zu räumen c).

1003. Die Grausamkeit Herzog Boleslaws III.,
mit welcher er den prager Bischof, seine Brüder Jaromir und Udalrich, wie auch seine eigene Mutter Em-
ma behandelt hatte, brachte die Böhmen dermassen auf,
daß sie bey dem Herzoge von Pohlen um Schutz und
Beystand anhielten, und ihm zugleich die böhmische
Krone antrugen. Er nahm diesen Antrag mit Freuden an, eilte an der Spitze seines Heeres in Böhmen,
und bemächtigte sich der Stadt Prag sowohl, als auch
des Thrones. Diese Erweiterung des pohlischen Staats
konnte Kaiser Heinrich II. unmöglich gleichgültig ansehen

b) Cosmas Prag. L. I.
c) Ditmarus und Analista Saxo bey dem Hrn. Abault Volgt
Böhm. Münzb. I. B.

hen, rückte ohne Verzug mit zahlreicher Armee in Böhmen ein, eroberte Prag nebst den übrigen Städten,
warf die pohlische Besatzung aus dem Lande, und setzte
Jaromiren des vertriebenen Boleslaws Bruder auf den
böhmischen Thron d).

1040. Herzog Břetislaw der erste hatte noch in
frischem Andenken die an seinem Vetter Boleslaw, und
selbst auch an seinem Vater Udalrich ehedem in Pohlen verübte Gewaltthätigkeiten, diese zu rächen, und zugleich seine rechtmäßige Ansprüche auf Pohlen geltend
zu machen, zog er mit einem fürchterlichen Heere auf die
Pohlen los, eroberte die nahmhafteren Städte, und kehrte
mit herrlichen Beuten bereichert wieder zurück. Kaiser
Heinrich der zweyte wurde durch solche Handlung wider Böhmen sehr aufgebracht, fiel in zweyen Kolonnen
über Böhmen her, wurde aber von unserm Břetislaw
geschlagen, und gezwungen mit dem geringen Ueberrest
seiner Truppen nach Bayern zu entfliehen. Das folgende Jahr darauf kehrte Heinrich mit einem desto zahl-
reicherm Heere zurück, plünderte alle Dörfer und Städte, brennte und sengte weit um sich her, und setzte alles in Furcht und Schröcken. Břetislaw, dem nicht
minder die Maximen eines tapfern Feldherrn, als die
Gesetze eines klugen Regenten wohl bekannt waren, hielt
für rathsam bey so gefährlichen Umständen lieber nach-
zugeben, als das ganze Land der feindlichen Wuth preiß
zu geben, und machte mit Heinrichen Frieden unter
gewissen Bedingungen e).

D 5 1062.

d) Cosmas L. 1. Pulkawa.
e) Cosmas L. 2.

1062. Entstanden abermal fürchterliche Kriegszurüstungen zwischen dem Wratislaw II. Könige aus
Böhmen, und dem pohlischen Herzoge Boleslaw dem
zweyten. Otto und Konrad Wratislaws Brüder wurden mit dem Markgrafthum Mähren beschenket, Jaromir aber der jüngste Bruder, weil er von seinem Vater
zum geistlichen Stande bestimmet war, gieng leer aus.
Dieser fand Schutz und Beystand bey dem Herzoge Boleslaw, rückte mit pohlischen Truppen versehen vor die
Stadt Königgrätz, und wollte Wratislawen zwingen
ihm solche samt dem ganzen Gebiete abzutreten. Allein
ehe es noch zu einem blutigen Auftritte gekommen war,
ist Wratislaw durch den Tod seiner zweyten Gemahlinn
Adelheide zu einem Wittwer geworden, er bat solchem-
nach seine Hand Swatawen einer Schwester des Herzogs aus Pohlen an, wodurch diese Mißhelligkeiten
glücklich wieder beygeleget worden sind f).

1105. Ereigneten sich der Thronfolge halber grosse Unruhen zwischen den böhmischen Prinzen Boriwoy,
Udalrich und Swatopluk, die einige Jahre hindurch
Böhmen zerrüttet haben. Udalrich Markgraf in Mähren, als der älteste aus dem herzoglichen Geblüte behauptete kraft der Erbordnung sein Recht auf die böhmische Krone, wurde aber von Boriwoy bey Malin
auf das Haupt geschlagen. Gleich darauf rückte Boriwoy in Pohlen ein, plünderte fast das ganze Land,
und kehrte mit vielen Beuten wieder zurück. Swatopluk verlangte von Boriwoy für seine in diesem Feld-
zuge ihm treu geleistete Hülfe auch einen Theil davon,

wurde

f) Cosmas L. 2. Dubrav. L. 8.

wurde aber leer abgewiesen. Er verbarg eine Zeit lang seinen Zorn, bis er endlich die Gelegenheit gewonnen Bořiwoyen aus dem Lande zu jagen, und sich des böhmischen Thrones zu bemächtigen. Nach Swatopluks Tode suchte abermal Bořiwoy sich mit dem Beystande seines alten Freundes Wipert auf den böhmischen Thron zu schwingen, ungeachtet schon Wladislaw zum Herzoge von Böhmen erkläret war, wurde aber im J. 1110. auf Kaisers Befehl nach Rokyzan vorgeladen, und in Verhaft genommen g).

1110. Kaum legte Wladislaw der erste diesen Krieg bey, so rückte noch in diesem Jahre sein jüngerer Bruder Sobieslaw von pohlischen Herzoge unterstützet in Böhmen ein, und lieferte den Böhmen an dem Ufer der Elbe eine blutige Schlacht. Es würde bey dieser Gelegenheit noch mehr Blut vergossen worden seyn, wenn Swatawa die Mutter dieser beyden Prinzen sich nicht in das Mittel geleget, und sie versöhnet hätte. Wladislaw ließ sich endlich durch solche Vorstellungen besänftigen, trat die Stadt Saatz Sobieslawen ab, rief auch Bořiwoyen aus seinem siebenjährigen Elende zurück, und räumte ihm ein Stück von Böhmen jenseits der Elbe ein. Dieß gute Verständniß aber dauerte nur drey Jahre lang, nach deren Verlauf mußten sich abermal beyde vor dem Grimme des Herzogs Wratislaw aus Böhmen flüchten h).

1130. Nach Wladislaws Tode gelangte zwar Sobieslaw der erste zum Besitze des Thrones, fand
aber

g) Cosmas L. 3. Pulkava.
h) Cosmas L. 3.

aber gleich beym Antritte seiner Regierung einen grossen
Widersacher an Otten Herzogen aus Mähren, der sich
unter den Schutz Kaiser Lothars II. begeben hatte.
Lothar ergrif mit Freuden die schon lang gesuchte Gelegenheit sich an Böhmen rächen zu können, und fiel
mit einer zahlreichen Mannschaft mitten im Winter in
Böhmen ein, wurde aber mit blutigen Köpfen wieder
abgewiesen i).

1142. Gab die Erbfolge abermal einen Anlaß zu
neuen Streitigkeiten. Konrad Herzog aus Mähren,
als der älteste aus der herzoglichen Familie machte Ansprüche auf die böhmische Krone, die vom Kaiser Konrad III., Wladislawen dem zweyten ohne Einwilligung
der böhmischen Magnaten zugesprochen worden ist. Es
kam hierauf nahe bey Prag zu einem blutigen Gefechte,
Wladislaw wurde geschlagen, und genöthiget sich in die
Stadt zu werfen. Als nun der Kaiser von diesem
Vorfalle berichtet worden, eilte er unverzüglich Wladislawen Hülfe zu leisten. Das bloße Gerücht von
des Kaisers Ankunft breitete ein allgemeines Schröcken
in dem feindlichen Lager aus, der Herzog Konrad
hob die Belagerung in größter Eile auf, und floh nach
Mähren zurück. Wladislaw folgte ihm auf dem Fusse
nach, brachte ihm etliche blutige Niederlagen bey, eroberte ganz Mähren, und trieb Konraden aus seinem Lande vollends weg k).

1179. Sobieslaw der zweyte betrug sich in seiner
Regierung sowohl gegen den böhmischen Adel, den er

im

i) C. Cosmae.
k) C. Cosmae & Vincentius.

im Umgang allzeit den Bauern nachgesetzet hatte, als auch gegen auswärtige Fürsten wild und unanständig. Er überfiel muthwilliger Weise Heinrichen von Oesterreich einen Liebling Kaiser Friedrichs I., und plünderte sein ganzes Land, nahm Emerichen, der sich zu ihm flüchtete, treuloser Weise gefangen, und überlieferte ihn an dessen Bruder Bela König in Ungarn. Hierüber wurde der Kaiser wider Sobieslawen ungemein entrüstet, nahm ihm das Herzogtum Böhmen ab, und sprach solches Friedrichen einem Sohne Wladislaws des zweyten zu: Friedrich bemächtigte sich darauf mit Hülfe seiner Truppen, die er theils im Deutschland, theils in Böhmen gesammelt hatte, der Hauptstadt Prag. Sobieslaw warf sich zwar mit einigen seiner Anhänger in das feste Schloß Skala, von dannen er noch eine Zeit lang Friedrichen beunruhiget hatte, mußte aber endlich auch diesen Ort verlassen, und im Elende den Rest seines Lebens zu bringen 1).

1185. Herzog Friedrich zog sich, theils durch die unmäßigen Auflagen, theils durch die überaus große Neigung, die er gegen die Deutschen äußerte, den Widerwillen so wohl des Adels, wie auch des sämtlichen Volks auf dem Hals, der endlich in eine allgemeine Empörung ausbrach. Die Magnaten trugen Konraden Herzoge zu Znaim die Krone von Böhmen an. Konrad säumte nicht dem Rufe der Böhmen zu folgen, rückte vor die Hauptstadt Prag, und nahm sie ohne Widerstand ein, wurde aber bald wieder durch den Kaiser genöthiget dieselbe Friedrichen abzutreten. Dieses

er-

1) Chron. Siloën.

erregte bey Konraden einen unversöhnlichen Groll wider Friedrichen, den er nicht eher abgeleget hatte, bis
ihn Friedrich durch eine an dem Bache Ludonitz in
Mähren nicht weit von der Stadt Kanitz beygebrachte
Niederlage gezwungen hat, die Oberherrschaft des Herzogs
aus Böhmen über Mähren zu erkennen m).

1278. Přemisl Ottokar der zweyte, einer der
mächtigsten und tapfersten Könige von Böhmen reizte
wider sich den Zorn Kaiser Rudolphs von Habsburg dadurch, weil er sich der an Rudolphen geschehenen Wahl
widersetzte, und auch den Pabst dahin zu bewegen suchte, daß er dieselbe nicht bestätigen möchte. Den Stolz
Ottokars zu demüthigen, entriß ihm Rudolph Oesterreich, Steyermark, Kärnten, und Krain, und zog mit
einem fürchterlichen Kriegsheere auf ihn los. Ottokar
säumte nicht mit seinen in größter Eile gehobenen Truppen sich zur Gegenwehre zu stellen. Beyde Heeren
stießen auf einander an dem Flusse Donau. Ottokar
sah die überlegene Macht des Kaisers, und fürchtete
von Seite der Böhmen und Mährer, die er mit gleicher Härte, wie ehedem die Oesterreicher, behandelt
hatte, einen gleichen Abfall, wenn es zu einer Schlacht
kommen sollte. Er faßte daher den Entschluß mit Rudolphen einen Friedensvertrag zu machen, kraft dessen
er die sämtlichen jenseits der Donau gelegene Provinzen
dem Kaiser abgetreten, eine Wechselheurath zwischen
des Kaisers und seinen Prinzen und Töchtern bestätiget,
und endlich dem Könige aus Ungarn allen Schaden, den
er ihm im letzten Kriege beygefüget, zu ersetzen versprochen

m) Chron. Siloën.

chen hatte. Wie er aber nach Prag zurück kam, machten die bitteren Vorwürfe seiner königlichen Gemahlinn solchen Eindruck auf unsern Ottokar, daß er von nun an den mit Rudolphen getroffenen Vertrag bereuet, die schleunigsten Kriegsrüstungen veranstaltet, und sich fest vorgenommen hat, die abgetretenen Länder wieder zu erobern, oder im Felde tapfer zu sterben. Es kam bald darauf zu einer blutigen Schlacht am Ufer der Morawa auf dem Marchfelde, wo das ganze böhmische Heer auf das Haupt geschlagen, und Ottokar selbst auf dem Wahlplatze todt gefunden worden ist. Das siegreiche Kriegsheer eilte mit vollen Schritten den Besitz von ganz Böhmen zu nehmen, allein Otto Markgraf von Brandenburg, des erschlagenen Ottokars Schwestersohn, widersetzte sich solchen Unternehmungen, und die feindlichen Heere rückten schon abermal bey Czaslau gegen einander; ehe es aber zu einer Schlacht gekommen war, wurde folgender Vergleich zwischen dem Kaiser und Markgrafen getroffen. Rudolph eignete sich Oesterreich zu nebst den übrigen Ländern jenseits der Donau auf immerwährende Zeiten, das Markgraftum Mähren aber nur auf fünf Jahre. Otto behielt die Regentschaft über Böhmen, und die Vormundschaft über den Prinzen Wenzel, den er samt der Königinn auf das feste Schloß Bezdiez in eine enge Verwahrung setzen ließ. Dieses war eine der nachtheiligsten Niederlagen, die das Königreich Böhmen seit seiner Stiftung erlitten hatte n).

1304.

n) C. Cosmae.

1304. Ungeachtet König Wenzel der zweyte das meiste beygetragen, daß Albrecht von Oesterreich zur römischen Königs Würde gelangen, und um sich mit ihm näher zu verbinden, dessen Schwester zu seiner Gemahlinn gewählet hatte; wußte dennoch dieser gelbsüchtige Fürst alles dieses unserm Wenzel mit größtem Undank zu vergelten. Albrecht foderte nämlich mit Ungestüm von unserm Wenzel, er sollte ihm das meißnische und egrische Land abtreten, und darüber die neuentdeckten Silberbergwerke bey Buttenberg auf sechs Jahre lang einräumen, oder statt dessen achtzig tausend Mark Silbers auf einmal auszahlen. Da sich aber Wenzel hierzu nicht bequemen wollte, rückte Albrecht mit einer zahlreichen Armee, die meistens aus Varbaren zusammen geraft war, gegen Budweis und Kuttenberg, verwüstete das ganze Land, legte Stadt und Dörfer in Brand, und machte alles ohne Unterschied des Alters nieder. Wenzel eilte diesem gefährlichen Feinde entgegen, und trieb ihn glücklich aus ganz Böhmen heraus o).

Von dieser Zeit an genoß Böhmen einer gesegneten Ruhe unter der glücklichen Regierung des König Johanns, und Kaiser Karls IV., bis auf die schröckliche Epoche des 1419. Jahres, wo Žižka, und dessen Anhänger durch achtzehn auf einander folgende Jahre unser geliebtes Vaterland auf das grausamste verwüstet haben.

Das ganze sechzehnte Jahrhundert hindurch blieb der Friede in Böhmen abermal von allen Feinden ungehindert,

o) Franc. Prag. L. I.

gehindert, welches wir der klugen Regierung unserer Könige Wladislaws II., Ludwigs, Ferdinands I., und Rudolphs des zweyten zu verdanken haben.

1618. Entstanden jene einheimischen Unruhen, welche durch dreyßig Jahre lang abermal Böhmen beunruhiget hatten, und darinn Böhmen, Mähren, Schlesien, Oesterreich, Ungarn, Sachsen und Schweden vermenget waren. Wir haben von diesem nachtheiligen Kriege schon unter dem Titel Religion etwas weitläuftiger gehandelt. Auch die glückliche Regierung unsrer erhabensten Monarchinn Marien Theresien, der nichts so theuer, als Friede und Ruhe am Herzen lag, mußte durch einige Kriege gestöhret werden.

Gleich nach dem Tode Kaiser Karls VI. im J. 1740. machten die Könige aus Spanien, Frankreich, Preußen, und Sardinien, wie auch die Churfürsten aus Sachsen und Bayern, ungeachtet der versprochenen Gewehrleistung für die pragmatische Sanktion, die Erbfolge Marien Theresien streitig. Das folgende Jahr darauf nahm der König aus Preußen ganz Schlesien ein. Es kam zwar den 10. April zu einer Schlacht bey Molwitz, die aber für Preußen glücklich ausgefallen ist, und der österreichische Feldherr Neuberg war gezwungen das Schlachtfeld dem Feinde abzutreten. Indessen rückten auch die Sachsen, Franzosen, und Bayern von der Abendseite herbey, nahmen den 26. November die Stadt Prag ein, und ließen Kais. Karln den siebenten Churfürsten aus Bayern zum König aus Böhmen feyerlich ausruffen. Da nun Maria Theresia die größte Gefahr geloffen alle ihre Länder zu verlieren,

Erster Theil.   E   erklär-

erklärten sich England, Rußland, Holland, und
Sardinien für sie. Hierauf nahm Theresia ihre ganze
Zuflucht zu ihren treuen Unterthanen, und besonders
zu den Ungarn, und stellte im folgenden Frühjahre zwey
zahlreiche Armeen in das Feld. Die erste gieng den
Preußen entgegen bis Chotusitz, wo der König 1742.
17. May mit einem Verlust von fünf tausend Mann
das Schlachtfeld behauptet, und Marien Theresien einen Friedensvertrag vorgeschlagen hatte, kraft dessen er
für sich und seine Erben allen Ansprüchen auf Oesterreich entsagte, wofern man ihm die Grafschaft Glatz,
und ganz Schlesien, die Fürstentümer Teschen und Trop-
pau ausgenommen, versichern wollte. Unsre friedferti-
ge Maria Theresia gieng solche Bedingungen ein, und
schafte sich solcher Gestalt den mächtigsten ihrer gegenwärtigen Feinde vom Halse. Während der Zeit machte Fürst von Lobkowitz den Franzosen, die schon in
ganz Böhmen verschiedene Städte im Besitze hielten,
vielen Abbruch, sie wurden allmählig genöthiget ihre
Posten zu verlassen, und sich im J. 1741. den 26.
Novemb. in die Hauptstadt Prag, die sie mit Sturm-
laufen erobert hatten, zu werfen, wo sie ein ganzes
Jahr hindurch stark belagert, und mit einem großen
Hunger bis zu ihrem Abmarsche geplaget wurden. Der
Prinz Karl gewann nicht mindere Vortheile über das
Churfürstentum Bayern, und hat bereits dieß ganze Land
der Königinn Marien Theresien unterworfen. Das
Ansehen Kaiser Karls VII., der jetzt ohne Land und
Geld zu Frankfurt am Mayn saß, zu retten, fiel der
König aus Preußen abermal im J. 1744. den 30. Aug.

mit

mit achtzig tausend Mann in Böhmen, belagerte die
Stadt Prag, und machte die sämtliche österreichische
Besatzung den 16. Septemb. zu Kriegsgefangenen.
Hierauf wurde der Prinz Karl auf das schleunigste aus
Elsaß herbeygerufen; allein der König aus Preußen,
dem das starke Ausreißen seiner Truppen gar zu wohl
bekannt war, hielt nicht für rathsam dem Prinzen eine
Schlacht zu liefern, verließ im Monat November die
Stadt Prag, und ganz Böhmen.

Nach dem Tod Kaiser Karls VII., der im J. 1745.
den 20. Jänner erfolget ist, wollte Maximilian Churfürst aus Bayern den Krieg weiter fortsetzen; nachdem
er aber eine starke Niederlage bey Pfaffendorf erlitten
hatte, ließ er sich endlich gefallen den 22. April einen
Friedenstraktat zu unterschreiben, kraft dessen er Bayern
wieder zurück bekommen, entgegen aber auf alle Ansprüche, die er auf die österreichischen Länder haben konnte, für sich und seine Erben Verzicht gemacht, die Gewehrleistung für die pragmatische Sanktion angenommen, und Böhmens Stimme bey der Wahl eines
Kaisers anerkennet hatte.

Die im J. 1754. zwischen Frankreich und England entstandenen Gränzstreitigkeiten in Amerika, gaben
abermal Anlaß dazu, daß unser Vaterland von feindlichen
Truppen besuchet wurde. Maria Theresia, mit der sich
Frankreich verband, machte Kriegsanstalten, um nicht
von dem Könige aus Preußen, der jetzt mit England
in Bündniß stand, unvermuthet überfallen zu werden.
Allein der König aus Preußen faßte den Argwohn,
daß alle diese Zurüstungen auf ihn zielen, und fiel 1756.

unter dem Vorwand seiner Gegnerinn vorzukommen, mit seiner ganzen Macht durch Sachsen in Böhmen ein. Nicht lange darauf kam es zu einer blutigen Schlacht bey Lowositz, die aber nicht entscheidend war. Der stark herannahende Winter zwang beyde Partheyen die Winterquartiere zu beziehen. Der König aus Preußen zog nach Sachsen, von dannen er das folgende Jahr darauf mit neuer Mannschaft versehen bey anbrechendem Frühjahre abermal vor Prag gerücket, den 6. May einen vollkommenen Sieg über die Oesterreicher erhalten, und die Hauptstadt von 30. May bis 18. Juny belagert, und stark beschossen hatte. Die Kaiserinn Königinn beorderte unverzüglich Leopolden Grafen von Daun dem bedrängten Königreiche Böhmen Hülfe zu leisten. Die feindlichen Heere stießen bey Kolln und Chotzemnitz auf einander, die Preußen wurden den 18. Juny auf das Haupt geschlagen, die Belagerung von Prag plötzlich aufgehoben, und die kaiserlichen Truppen trugen einen vollkommenen Sieg davon. Hierauf kam es im J. 1763. 15. Febr. zu Hubertsburg in Sachsen zu einem Friedensschlusse, kraft dessen die streitenden Partheyen bey dem Besitze der nämlichen Länder, wie sie im Anfange des Krieges waren, gelassen, und die Verträge von 1742. zu Breßlau, und von 1745. zu Dresden bestätiget wurden.

Im J. 1777. Nachdem Maximilian Joseph, Churfürst aus Bayern den 30. Decemb. zu München gestorben, und keinen unmittelbaren Erben hinterlassen hatte, nahm das Haus Oesterreich kraft seiner von einigen Jahrhunderten her auf allen Rechten gegründeten

ten Ansprüche im J. 1778. den 3. Jän. Niederbayern
in Besitz. Der König aus Preußen, wie auch Fried
drich Churfürst aus Sachsen widersetzten sich mit bewafneter Hand solchen Unternehmungen, und rückten den
4. July mit zweyen zahlreichen Armeen in Böhmen
ein. Die erste lagerte sich unter dem Kommando des
Königs selbst bey Nachod, die zweyte unter der Anführung des Prinzen Heinrich fiel bey Hansbach und
Rumborg herein, und breitete sich im Leutmeritzer
und Bunzlauer Kreise aus. Diesen von fernerm Vor-
rucken abzuhalten, wurde der Feldmarschall Baron von
Loudon abgeordnet, dem Könige aus Preußen aber
bothen Se. Majestät der Kaiser Joseph der zweyte
selbst die Spitze. Ehe es aber zu einem blutigen Gefechte gekommen war, wurden die Mißhelligkeiten durch
einen im J. 1779. den 13. März zu Teschen in Oberschle-
sien festgesetzten Friedensschluß in Güte beygeleget, laut
dessen das Stück Bayern, so zwischen der Donau, Jnn,
und Salza lieget, dem Hause Oesterreich, die Herrschaften Glaucha, Waldenburg, und Lichtenstein dem
Churfürsten von Sachsen zugesprochen, und die böhmischen Lehen in den Herzogtümern Barenth und An-
spach, sobald selbe an das Churfürstentum von Brandenburg fallen würden, von der böhmischen Lehenschaft
losgesprochen wurden.

§. XXI.

Pest und Seuchen.

Obschon Böhmen eine so vortheilhafte Lage hat,
daß die Luft stets durch die theils sanft wehenden,

E 3 theils

theils wild braufenden Winde in Bewegung gefeßet und gereiniget wird, fo ift daffelbe dennoch zu öfteren-malen ftarkwütßender Peft und Seuchen ausgefeßet, und hierdurch größtentheils entvölfert worden, wozu meiftens die häufigen Kriege und Theuerung, wie auch große Hiße oder Näffe Anlaß gaben.

Im J. 988. Ueberfiel Böhmen eine ungemein große Hiße, welche die fämtlichen Feld- und Garten-früchte vernichtet hatte. Hierauf folgte eine allgemeine Seuche, die bis in das folgende Jahr fertgedauert, und eine große Anzahl an Vieh und Menfchen hinge-raft hatte a).

1016. Riß abermal eine greuliche Peft in Böh-men ein, welche vom Monat Februar an bis in den fpäten September gewüthet hat. Die Menfchen ftar-ben eines gäßen Todes fo häufig dahin, daß kaum der zehnte Theil der prager Einwohner am Leben geblieben war. Herzog Udalrich ließ manche Tannen-und Fich-tenwälder anzünden, um die vergiftete Luft durch die Flammen, und den harzigen Dampf zu reinigen b).

1028. Nach häufigen und übel riechenden Ne-beln, welche das ganze Frühjahr hindurch Böhmens Atmofphäre angefüllet haben, folgte eine allgemeine Vieh-und Menfchenfeuche, wozu fich noch im folgen-den Jahre darauf die Rotheruhr beygefellet und unzähli-ge Menfchen in das Grab geliefert hatte. Ein gleiches Schickfal beunruhigte Böhmen auch im J. 1067. c).

1085.

a) Cofmas L. 1.
b) Hagek. Lupac ex Chron. Iaroslai & Weleslawina 4. Feb.
c) Hagek. Lupac. 13. Marr. 15. April. 22. Iun. 28.
　　Septemb. 16. Oftobr.

1085. Wüthete abermal eine schröckliche Pest in Böhmen vom April an bis in Monat November; man traf nur zu Prag auch zu funfzig Leichen des Tages an d).

1099. Nach einem allgemeinen Hunger folgte zu Ende dieses Jahres die Pest, eine fast unzertrennliche Gefärtinn des Hungers, durch welche, wie einige dafür hielten, fast drey Theile der Menschen in ganz Böhmen aufgerieben wurden e).

1154. f). 1186. g). 1305. h) traf Böhmen abermal ein gleiches Schicksal.

1316. Nach einem sehr kalten und lang anhaltenden Winter folgte eine allgemeine epidemische Seuche i).

1350. Riß auch in Böhmen jene greuliche Pest ein, die im verflossenen Jahre ganz Deutschland schon durchgewandert hatte k).

1359. Mußte Böhmen neuerdings einem ähnlichen Verhängnisse bis in das künftige Jahr unterliegen. Dieses verheerende Uebel von Böhmen abzuwenden, schrieb Arnest Erzbischof zu Prag gewisse Bet- und Fasttage vor l).

1367. Nach einer großen Ueberschwemmung, die im Frühjahr vor sich gieng, meldeten sich in Böhmen

E 4 häu-

d) Hagek. Lupac. 22. Iun. 1. Nov.
e) Hagek. Lupac. 28. Dec.
f) Neplacho.
g) Pulkava.
h) Neplacho.
i) Lupac. 28. Mart.
k) Beneff. Gel.
l) Urkunde a Balbin. Mifc. L. 6.

häufige epidemische Krankheiten, daran zwar unzählige
Menschen in allen Städten und Dörfern krank lagen,
der größte Theil derselben aber gelangte wieder zur vorigen Genesung ın).

1380. Fieng eine allgemeine Seuche in den prager Städten an, die zwar nur etliche Monate fortgedauert, bald darauf aber im 1387. in ganz Böhmen
schröcklich gewüthet hatte n).

1113. und 1414. Ueberfiel Böhmens Einwoh-
ner eine allgemeine Hulte, die sich bald in verschiedene
epidemische Krankheiten, und endlich gar in eine starke
Seuche verwandelt hatte. Die größte Anzahl der Menschen starb an diesen Krankheiten bey Wodnian und
Budweis o).

1420. Regierte eine starke Pest in den prager
Städten p), die sich 1439. in ganz Böhmen durch sechs
Monate ausgebreitet, und einen großen Theil des
Adels getroffen hat q).

1445. und 1451. Fieng eine allgemeine Seuche im Königgrätzer Kreise an, sie wanderte allmählich ganz Böhmen durch, und rieb viele tausend Menschen auf r).

1483. Breitete sich im Monat Juny abermal eine schröckliche Pest in Böhmen aus, die schon ebedem
ganz

m) Beneſſ. Gel.
n) Idem.
o) Idem. Lupac. 3. & 4. Maii.
p) Lupac. 28. Aug.
q) C. Pulkavae. Lupac. 3. Febr.
r) Lupac. 23. Febr. & 9. Sept.

ganz Ungarn und Pohlen verheeret hatte. Man zählte zu Prag allein gegen dreyßig tausend an Verstorbenen s).

1495. Folgte auf einen allgemeinen Hunger eine allgemeine Seuche t).

1507. u) und 1520. x), 1562 y). 1568. z). 1571. aa) Traf abermal ein gleiches Schicksal theils nur die Stadt Prag allein, theils aber auch das ganze Land.

1582. Nach häufigen Regen, und darauf folgender Ueberschwemmung, die sich den 4. März ereignet hatte, wurde Böhmen abermal mit einer starken Seuche heimgesuchet, die bis in das folgende Jahr fortgewüthet hatte. Die Zahl der Verstorbenen belief sich nur in den prager Städten allein gegen zwanzig Tausend, die größtentheils von jungen und mittleren Alter waren bb).

1597. Kehrte dieser unangenehme Gast abermal zurück, und wüthete bis in das 1599. Jahr. Man vermißte bey dieser Gelegenheit 2500. Menschen cc).

1606. Zeigte sich neuerdings eine epidemische Seuche in unserm Vaterlande dd), die sich zwar für jetzt bald wieder zur Ruhe legte; allein im J. 1613. kehr-

E 5 .te

---

s) Beneß. Metrop. L 4. Lupac. 15. Iun. 17. Iun. 2. Octobr.

t) Lupac. 23. Octob.

u) Lupac. 24. Aug.

x) Lupac. 8. Sept. 23. Iun. 1. Iul.

y) Hist. S. I. P. 1. L. 2.

z) Ibid. L. 3.

aa) Ibidem.

bb) Ibidem L. 5.

cc) Ibidem P. 2. L. 5.

dd) Ibidem. P. 2. L. 4.

te ſie mit einer beſto größeren Wuth wieder zurück, und
verheerte alles um ſich ſo ſchröcklich, daß nur in Prag
allein 7800 an Todten gezählet wurden ec).

1625 ff). 1638. gg) 1639 hh). 1648 ii).
1649 kk), zu welcher Zeit die ſchwediſchen Truppen
ganz Böhmen verwüſtet haben, wurden auch die Böhmen von Hunger und mancherley epidemiſchen Krankheiten geplaget, daran viele tauſend Menſchen ihr Leben
eingebüßt haben.

1680. Breitete ſich jene allgemeine große Peſt,
die ſchon ganz Oeſterreich durchgewandert hatte, auch
in ganz Böhmen aus, welche in kurzer Zeit zu Prag
über 32 tauſend, und auf dem Lande mehr als einmal
hundert tauſend Menſchen hinweg rafte ll).

1713. Wüthete abermal eine greuliche Seuche
in Böhmen von 22. Auguſt bis zu Ende des Monats
März folgenden Jahres. Die Anzahl der Todten wurde auf zwanzig Tauſend angegeben mm). Vom Horn-
vieh wurden zu gleicher Zeit 1994735. Stück durch
dieſe Seuche aufgerieben.

1771. Nach einigen hinter einander folgenden
naſſen Jahrszeiten riß eine allgemeine Hungersnoth in
Böhmen ein. Ein Strich Korn mußte zu zwölf, vierzehn

ee) Hiſt. S. I. P. 1. L. 6.
ff) Ibidem P. 3. L. 4.
gg) Ibidem P. 4. L. 2.
hh) Ibidem P. 4. L. 3.
ii) Ibidem P. 4. L. 5.
kk) Ibidem.
ll) Hammerſchmied. Prod. Glor. Prag.
mm) Ibidem.

zehn, auch ſiebenzehn, ja ſogar in manchen Oertern gegen Bayern um 20 Gulden bezahlet werden, viele, beſonders die Gebirgsleute, wurden genöthiget mit Kleyen,
Gras, und Mühlſtaub ihren Hunger zu ſtillen, das
meiſte Bauernvolk hätte vor Hunger ſterben müſſen,
wenn ihnen ihre Grundherren nicht ſowohl Geld, als
Getreid vorgeſtrecket hätten. Die ſchlechte Nahrung
und das größtentheils von halb verdorbenem Getreid ge-
backene Brod verurſachte eine allgemeine Seuche, welche viele tauſend Menſchen meiſtens vom beſten Alter,
und guten Kräften in das Grab ſchickte.

1782. Wanderte aus den nordlichen Ländern zu
Anfang des Frühjahrs eine Art epidemiſcher Katharre,
denen man den Namen Krip beylegte, in Böhmen
ein, die größtentheils den ſchwächlichen, und ehe ſchon
an der Lunge bekleuten Leuten den übrigen Reſt ihres
Lebens abgekürzet haben. Dieſe Krankheit zog ferner
aus Böhmen nach Ungarn und Oeſterreich, wo ſie bey
zunehmender Hitze in Sommer gänzlich verſchwunden iſt.

§. XXII.

Hunger und Theuerung.

1043. Herrſchte in Böhmen eine allgemeine Hungersnoth, daran faſt der dritte Theil der Einwohner
Böhmens zu Grunde gieng a).

1263. Die im vorigen Jahre gar zu lang anhal-
tende Dürre, wie auch eine ſtarke Ausfuhr des Ge-
treides aus dem pilſner Kreiſe nach Bayern verurſachte

---

a) Coſmas L. 2. Neplacho.

te in Böhmen eine dermaffen große Theuerung, daß man
einen Strich Korn um 120. Denarien, oder nach un-
ferm Gelde per 10. Fl., den Strich Waizen und Erb-
fen um 150. Denarien (12. Fl. 30. Kr.) bezahlen
mußte b).

1282. Während der tyrannifchen Regierung Ot-
tens Markgrafen von Brandenburg, blieben die Felder größtentheils unbebaut, worauf eine ungewöhnliche
Hungersnoth und Seuche erfolgte. Das Volk aß
Gras, Hunde, Katzen, verreckte Thiere, wie auch Ge-
henkte vom Galgen. Es wurden auch unzählige Mordthaten bey diefer Gelegenheit verübet, eine Mutter er-
fchlug fogar ihr Kind, und zehrte es auf, um ihren
Hunger zu ftillen c).

1307. Richtete eine allzugroße Hitze die fämtlichen Feld- und Gartenfrüchte zu Grunde d).

1312. Galt ein Strich Korn 30. prager Grofchen, d. i. nach heutiger Münze 12. Fl., weil zu jenen Zeiten ein prager Grofchen 24. Kr. unfers Geldes am innern Werthe hielt e).

1318. Riß abermal eine fchröckliche Hungersnoth in Böhmen ein, viele vom Landvolke flüchteten
fich in die Wälder, fchlugen Vieh und Menfchen todt,
und zehrten fie auf, worauf endlich eine allgemeine Seuche erfolget war f).

1338.

b) C. Cofmae.
c) Franc. Prag. Metrop L. 1. C. Cofmae.
d) Franc. Prag. L. 1.
e) Ibidem, & Anonym. a. Gelaf. Mon. T. 3.
f) Franc. Prag. L. 2. & Anonym.

1338. Wurde das Land durch eine ungeheure Menge Heuschrecken verwüstet, worauf eine allgemeine Pest im Lande regieret hatte g). Ein gleiches ereignete sich abermal im J. 1346. h).

1342. Breitete sich abermal eine große Theuerung in Böhmen aus, die durch ganze drey Jahre fortgedauert hatte. Ein Strich Korn kam in diesen Zeiten zu ein Schock und 4. prag. Grosch. d. i. 21. Fl. 20. Kr. , ein Strich Erbsen per ein Schock prager Groschen oder 20. Fl. , ein Strich Gerste um 30. prag. Grosch. oder 10. Fl. nach heutiger Münze i).

1362. Nach einer durch zwey Jahre lang anhaltenden Hungersnoth, weßwegen auch die Böhmen dieses Jahr Hladowe Leto nannten, erfolgte eine dermaßen gesegnete Erndte, daß ein Strich Korn um einen prag. Grosch. , das ist : gegen 20. Kr. nach heutiger Münze verkaufet wurde k).

1515. und 1524. ist die gänzliche Hofnung des Ackermanns durch häufige Schloßen , wodurch die sämtlichen Feldfrüchte zu Grunde gerichtet wurden, auf einmal vereitelt worden l).

1571. Breitete sich ein allgemeiner Mangel am Getreide in ganz Böhmen aus. Diesem Uebel zu steuern, wurde man bemüßiget das Bierbrauen im ganzen Königreiche einzustellen m).

1630.

g) Neplacho & C. Pulkavae. Lupac. 9. Aug.
h) Beneß. Metrop. L. 3. & C. Pulkavae.
i) Anonym. Beneß. Gelaf.
k) Beneß. Metrop. L. 4. Lupac. 2. Mart.
l) Lupac. 29. Iul. & 9. Aug.
m) Hiß. S. I. P. 1. L. 3.

1630. Nach einer großen Hungersnoth fiengen hitzige Krankheiten im ganzen Lande häufig zu regieren an, welche eine unzählige Menge des Volks hingerafft hatten n).

§. XXIII.

Erdbeben.

1117. Ließ sich an vielen Orten in Böhmen ein schröckliches Erdbeben verspühren, worauf das folgende Jahr eine dermassen große Ueberschwemmung folgte, daß sich, niemand dergleichen jemal gesehen zu haben, erinnern konnte a).

1201. und 1203. Bemerkte man abermal ein starkes Erdbeben, wodurch viele Gebäude erschüttert wurden b).

1348. den 25 Jän. 1511. den 26. März. und 1590. den 15. Sept. wurde ganz Böhmen durch gewaltige Erdstöße dergestalt erschüttert, daß die Menschen zu Boden fielen, und die stärkesten Gebäude zu wanken anfiengen c).

§. XXIV.

Ueberschwemmungen und Kälte.

1068. und 1092. Fiel ein häufiger Schnee herab, die Kälte nahm durch etliche Wochen dermassen

zu,

n) Hist. S. I. P. 3. L. 6.
a) Cosmas L. 3. & Lupac. 3. Ian. & Weleslaw.
b) Neplacho Weleslaw, Lupac. 4. Maii.
c) Hr. Pelzel. Hist.

zu, daß Vieh und Menschen zu Grunde giengen. Die im Frühjahre darauf folgende Wärme löste plötzlich den häufigen Schnee auf, wodurch eine allgemeine Ueberschwemmung im ganzen Lande veranlasset wurde a).

1126. Ueberfiel Böhmen in der Osterwoche eine so heftige Kälte mit vielem Schnee vermenget, daß man an erfrohrenen zu Kaurim 30, zu Sazawa 16, zu Pilsen 90, zu Bunzlau 20, zu Přelauci 22, zu Kolin 23, zu Brod 10 Menschen zählte, ohne die mit zu rechnen, welche in Dörfern, und schlecht verwahrten Hütten, aus Mangel der nöthigen Wärme, erstarret gefunden worden sind b).

1250. den 2. July fielen häufige Schloßen von ungemeiner Größe herab, und blieben ganze sieben Tage liegen. Ein von Süden warm wehender Wind löste sie in einer kurzen Zeit dergestalten auf, daß viele Menschen und Vieh durch solche Ueberschwemmung zu Grunde giengen, und die Feldfrüchte, Weingärten und Obstbäume vernichtet wurden c).

1272. den 12. März, und 1273. 18. Aug. trat der Moldaustrom ungemein hoch aus seinen Ufern, das Wasser breitete sich bis an die St. Niklas und Aegidy Kirchen in der Altstadt aus, und die auf Veranstaltung der Königinn Juditha im J. 1174. theils von Holz, theils von Stein gebaute Brücke, wurde bey der ersten Ueberschwemmung durch die Gewalt des Wassers stark beschädiget d).

1315.

a) Cosmas L. 1. Hagek. Lupac. 4. 8. Ian. 29. Mart.
b) Neplacho.
c) Neplacho.
d) C. Cosmas. Franc. Prag. L. 1.

1315. Nach einer großen Dürre folgten häufige Regen, wodurch die sämtlichen Bäche und Flüsse, insonderheit aber die Elbe dermaßen aufschwollen, daß alle nahe an diesem Fluße erbauten Hütten, Höfe, und Mühlen durch den gewaltigen Wasserstrom weggerissen wurden e).

1322. Nach einer allgemeinen Ueberschwemmung folgte eine große Hungersnoth im ganzen Lande f).

1342. den 1. Febr. Nach einem sehr rauhen Winter ließ sich plötzlich ein warmer Wind und Regen im ganzen Lande verspühren, welcher den häufigen Schnee in wenigen Stunden aufgelöset, und eine gräuliche Ueberschwemmung veranlasset hatte. Das Wasser stieg aller Orten ungemein hoch aus seinen Ufern, und trug ganze Hütten mit Menschen, Wiegen mit Kindern, den ganzen Vorrath an Brenn- und Bauholz aus Podskal zu Prag, nebst unzähligem andern Hausgeräthe mit sich fort. Die Raudnitzer Brücke war zwar hinlänglich stark genug dem reißenden Strome zu widerstehen, allein die prager Brücke, welche nach der im J. 1272. erfolgten Ueberschwemmung wieder hergestellet worden, und von ihrer Erbauung 168. Jahre gestanden ist, wurde dergestalt niedergerissen, daß kaum der dritte Theil davon übrig geblieben war g).

1337. 1373. 1375. 1392. 1431. 1432. 1480. und 1481. h) und 1501. 1515. 1537. Schwoll der

Mol-

e) C. Cosmae. Franc. Prag. L. 1.
f) Idem L. 2.
g) Idem L. 3. Beneff. Metrop. L. 3.
h) Lupac. 13. 18. Mart. 1. 5. Dec. 8. Iun. 24. Nov.

Moldauſtrom dergeſtalt an, daß ſich das Waſſer bis zu den St. Niklas und Aegidy Kirchen, wie auch in die lange Gaſſe (dlauha Strýda) ergoſſen, und alle Keller angefüllet hatte i).

Im J. 1675. den 23. Juny ſtieg der Moldauſtrom über ſeine gewöhnliche Höhe, wie uns ſolches eine fleißige Hand auf der nächſt an die Kreuzherren mit rothem Stern ſtoſſenden Mauer verzeichnet hinterließ, 8 Ellen.

1712. den 24. Apr. und 1736. 19. Jul. 6 Ell.

1740. den 21. Dec. 4 ½. Ell.

1750. den 15. Juny 4 ½ Ell. Den 12. July nämlichen Jahrs 5 Ell.

1770. den 4. Apr. 5 Ell.

1771. den 17. März 6 ½ Ell.

Endlich folgte jene überaus große Ueberſchwemmung im J. 1784. den 28. Febr. , deren traurige Folgen wir noch heut zu Tage leider! empfinden. Ich will die Beſchreibung dieſer ſchaudervollen Begebenheit, um die Sache etwan nicht zu vergrößern, eben ſo treulich herſetzen, wie wir dieſelbe theils ſelbſt mitangeſehen, theils durch die öffentliche Blätter bekommen haben. Nachdem der häufige Schnee, welcher durch den ganzen harten Winter herabgefallen, in wenigen Tagen durch eine warme Luft aufgelöſet worden, entſtand eine heftige Ueberſchwemmung. Das Waſſer nahm von 11 Uhr Abends den 27. Febr. bis halber zwey Uhr Nachmittag des folgenden Tages, alle halbe

i) Lupac 23. Maii. 14. 21. Iul. 23. Dec.

Erſter Theil.　　F

halbe Stunde um ein Viertel Ellen zu, und das
Waſſer des Moldauſtromes ſtieg endlich 9 Ellen über
ſeine gewöhnliche Höhe, reichte bis an die St. Niklas
und Aegidy Kirchen, überſchwemte ganz Podſkal und
die Judenſtadt, räumte den ganzen Holzvorrath weg,
füllte die meiſten Todten-Gruften und Keller an. Leinwand, Tücher, Woll- und Taffetzeugen ſchwammen,
Oel, Potaſche, Wein, Zucker, und andere Speze-
reyen wurden zu Waſſer. Ich laſſe hier einem jeden
frey den Ueberſchlag von dieſem greulichen Schaden
ſelbſt zu machen. Die feſte, und ganz von Quater-
ſtücken mit doppelter Wölbung von Kaiſer Karl IV.
im J. 1357. den 9. July neu angelegte Brücke
wurde durch die häufigen Stöße der ungeheuern Eis-
ſchollen erſchüttert, das Wachthaus mitten auf der
Brücke ſtürzte in das Waſſer, und riß fünf Soldaten mit ſich herab. Einige Brückenpfeiler, drey allein
ausgenommen, droheten ſamt den darauf ruhenden
Statuen einen nahen Umſturz. Es wurden aber alsbald durch weiſe Vorkehrungen des hochlöbl. Landesgubernii ſolche Anſtalten getroffen, daß kein ſchwer
beladener Wagen über die Brücke fahren, noch Leute
ſich daſelbſt aufhäufen dürften. Man ſäumte auch
nicht die beſchädigte Brücke unter der Aufſicht und
Weiſung der zu unſern Zeiten in der Baukunſt wohl
erfahrenen Männer Hrn. Profeſſor Leonard Herget,
und Franz Trazal, ſo bald als möglich wieder herzuſtellen. Die Unkoſten des hieraufgeführten
Aufwandes belaufen ſich bis jetzt auf 85049. Fl.
18 $\frac{2}{5}$ kr.

§. XXV.

§. XXV.

Wohlfeile.

Ungeachtet Böhmen durch so viele Plagen zu wiederholten Malen gedrücket wurde, erholte sich daselbe dennoch wieder in kurzer Zeit, so bald der Allerhöchste seine gesegnete Hand über selbes geöfnet hatte.

Im J. 1319. war eine dermassen reiche Erndte, daß einen Strich Korn nicht höher als um einen Groschen, das ist ungefähr 20 kr. unsers Geldes verkaufet wurde a).

Der Wohlfeile von J. 1362. haben wir schon oben erwähnet.

1507. Kam ein Strich Korn zu 6 Grosch. Meiß. und ein Strich Haber zu 2 Groschen Meiß. b)

1523. Genoß Böhmen abermal einer so gesegneten Erndte, daß ein Strich Korn für 10 Grosch. Meiß., ein Strich Waizen um 14 Grosch., ein Strich Erbsen zu 12 Grosch. verkaufet wurde c).

§. XXVI.

Wappen des Königreichs Böhmen.

Ich will hier nicht die Erzählungen unserer Geschichtschreiber in Betref dieses Gegenstandes, genauer prüfen, deren eine das Wappen dieses Königreiches

F 2 schon

a) Franc. Prag. L. 2.
b) Lupac. 11. Iun.
c) Idem 6. Iun.

schon auf die Zeiten des personificirten Czech, hinaussetzen,
andere aber unserm Vaterlande bald einen römischen
Adler, bald einen Feuerkessel, bald drey weiße Quer=
balken in rothem Felde statt des Landeswappen einräumen
wollen. Wer eine genauere Kenntniß davon, wie auch eine
gründliche Widerlegung dieser falsch aufgebrachten Mei=
nungen haben will, diesem kann die gelehrte Abhandlung
des Hrn. Gelas Dobner a), wie auch die Prüfung dieses
Gegenstandes von Hrn. Adaukt Voigt b) zu einer hin=
länglichen Nachricht dienen. Aus der gründlichen Un=
tersuchung dieser zweyen Gelehrten läßt sich so viel schlie=
ßen, daß aus dem Schilde des heil. Wenzel, ein schwar=
zer Adler in silbernem Felde entstanden, welchen Herzog
Premisl Ottokar der erste zu Ende des zwölften Jahr=
hunderts angenommen, und in das Schild des heil. Wen=
zel versetzet hat, weil er das Bildniß dieses Landespatro=
nen, welches sich schon so lange auch nach den Kreuzzügen,
als ein Landeswappen erhalten hatte, nicht abschaffen
wollte. Der böhmische silberne Löw in rothem Felde,
der zwar schon auf das 1170. Jahr in einem Stiftungs=
briefe für die St. Leonardskirche auf dem Insiegel der
Altstadt Prag erscheinet c), wurde erst in der Mitte
des dreyzehnten Jahrhunderts, und zwar zum allerersten
im J. 1249. auf Befehl des Premisl, der sich her=
nach Ottokar oder Wenzel der zweyte nannte, in allen
Urkunden, Siegeln und Münzen gebraucht, und bald
darauf von allen Aus= und Inländern mit Hintansetzung

des

a) Abhandlung einer Privatgesellschaft in Böhmen. 4. B.
b) Münzbeschreibung 2. B. 1. St.
c) LL. Erest. Vol. 12. B. 17.

vorigen Adlers für ein wahres Wappen des Königreiches
·Böhmen anerkannt, und angenommen.

§. XXVII.

Landkarten.

Die allererste Landkarte, die wir von Böhmen
aufzuweisen haben, ist unstreitig diejenige, welche nach
dem Berichte des Hrn. Gelas Dobner a) im J. 1518.
zur Zeit des König Ludwigs zu Prag in Vorschein kam.
Bald darauf lieferte uns eine andere, und zwar die erste
in deutscher Sprache Sebastian Münster im J. 1543. b)
Beyde wurden zwar vom Johann Briginger, und Gerard Merkator in einigen Stücken verbessert, in vielen
anderen aber blieben sie noch immer sehr mangelhaft.
Diesen folgte im J. 1619. Paul Aretinus c), und 1665.
Daniel Wussin prager Bürger, der eine Karte von
Böhmen auf einem Quart-Bogen zu Prag stechen ließ.
Der Stich ist zwar auf derselben noch immer etwas roh;
die Entfernung aber der Oerter, und die ächte Benennung derselben so meisterlich und vortheilhaft angebracht,
daß ich hier ohne viele Mühe unzählige Oerter gefunden,
die ich auf der großen müllerischen Karte vergeblich gesuchet habe. Eben um diese Zeit erschien eine Vollstän-
digere, und in zwölf Kreise eingetheilte Karte von Böhmen

F 3

a) Hift. T. 2.

b) In der böhmischen Uebersetzung der münsterischen Kos-
mographie vom J. 1554. sind die katholischen Oerter
mit den päbstlichen Schlüßeln, und die Utraquistischen
durch einen beygebrachten Kelch auf der dabey befindlichen Karte unterschieden.

c) Balbin. Mifc. L. 3.

men von der geschickten Hand des Aegidius Sadeler k.
k. Stechers zu Prag.   Er fand durch diese seine Arbeit
nicht nur bey seinen Landesleuten einen allgemeinen Beyfall, sondern munterte auch die Auswärtigen in Frankreich, Holland und Deutschland auf, ihre Landkarten
von Böhmen nach diesem Muster zu verfertigen.

• Im J. 1661. erhielten wir abermal eine verbesserte Karte des Königreichs Böhmen, die von Johann
Jaroslaw Cztibor von Löw, auf ein fleißiges Beythun
des Hrn. Kaspar Wussim in Kupfer gestochen wurde.
So häufig, und in vielen Stücken verbessert alle diese
Landkarten waren, welche theils in Böhmen, theils in
auswärtigen Ländern bis jetzt zum Vorschein gekommen
sind; so hat man doch zu Anfang des jetzigen Jahrhunderts in unzähligen Fällen wahrgenommen, daß sie
noch allemal einer viel genauerer und fleißigerer Ver-
besserung nöthig haben.   Man nahm zu gleicher Zeit im
J. 1714. eine neue Eintheilung des Königreichs Böhmen vor, welches die sämtlichen böhmischen Stände dahin verleitet hatte, eine genaue Ausmessung des ganzen
Landes, und die Verfertigung einer vollständigen Landkarte von Böhmen bey solcher Gelegenheit dem Hrn. Johann Christoph Müller Kapitain einer Genie Chors mit
Gutachtung Kaiser Karls VI. aufzutragen. Müller fand
sich diesem Werke gewachsen, nahm solchen Antrag an,
und brachte in einer Zeitfrist von sechs Jahren jene große
Landkarte in 25 Sektionen, welche durch Michaelen
Kauser rein gestochen, und von Wenzel Reiner und
Johann Danielen Herz mit passenden Nebenwerken gezieret worden, im J. 1720. glücklich zu Ende.   Die

das-

darauf verwandten Unkosten kamen den böhmischen Ständen auf 24000 Gulden zu stehen c). Nicht lange darauf gab der nämliche Verfasser diese große Landkarte, deren Preis auf 12 Fl. gesetzet, und eben darum für die
meisten Käufer zu theuer war, in einem verjüngten
Maaßstabe heraus, wo er aber aus Mangel eines hinlänglichen Raumes viele Oerter ausgelassen, und sol-
chemnach auch einen sehr geringen Absatz dieser Exem-
plarien gefunden hat. Solchem Fehler abzuhelfen, unterzog sich neuerdings im J. 1726. Hr. Wolfgang
Wieland Lieutenant eines Genie Chors dieser Arbeit, er
ersetzte die ausgelassenen Oerter, behielt die Nebenwerke
der großen müllerischen Karte bey, setzte größtentheils
nebst den deutschen Benennungen der Oerter, auch die
böhmischen hinzu, und lieferte uns eine verbesserte Karte von Böhmen in 25 Sektionen, die heut zu Tage um
6 Fl. zu haben ist.

Im J. 1760. erschien endlich jene nett abgedruck-
te Karte von Böhmen des gelehrten Jesuiten Bernar-
din Erber, die er gänzlich nach dem Muster der Wielandischen abgefasset, in Quadrate, die zu größerm Be-
huf der Ortforscher mit lateral Buchstaben bezeichnet sind,
eingetheilet, und in zwölf abgetheilten Kreisen herausgegeben hatte. Der Preis einer solchen Karte samt
der Beschreibung beläuft sich auf 5 Fl. Da ich nun
gefunden habe, daß diese zwey letzt angeführten Karten
der großen Müllerischen an Richtigkeit gar nichts nachgeben, legte ich selbe zum Grunde meiner gegenwärtigen
Arbeit. Es wäre nur zu größerer Aufnahme unsers

F 4 Vater-

c) Balbin Misc. L. 3.

Vaterlandes zu wünschen, daß sich jemand fände, der
eine neue Karte von Böhmen nach der jetzigen Eintheilung stechen, und die noch mangelnden Oerter, welche
in dem zu Ende dieses Werks folgenden alphabetischen
Register mit einem Sternlein bezeichnet erscheinen werden, hier einrücken wollte; alsdann würde sich unser
Vaterland einer vor allen anderen Ländern vollständi-
gern Karte unstreitig rühmen können.

Rako=

Rakonitzer Kreis.
Rakownicko.
Rakownickey Krag.
Circulus Raconicensis.

Gränzet gegen Aufgang mit dem Kaurimer, und Bunzlauer, gegen Mittag mit dem Berauner, gegen Niedergang mit dem Saatzer, gegen Norden aber mit dem Leutmeritzer Kreise, und steht unter der Aufsicht eines Kreishauptmanns. Seine Größe erstrecket sich auf sechs Meilen in der Länge, und eben so viel in der Breite. Im J. 1714. wurde der Schlaner Kreis diesem einverleibet. Er ist meistentheils flach, hie und da bergig, fruchtbar am Getreid, Schaf, Pferden, und Waldungen, woraus jährlich auf dem Flußse Beraun vieles Bau- und Brennholz nach Prag geflößet wird. Im ganzen Kreise ist die gewöhnliche Landessprache die böhmische, einige wenige Oerter ausgenommen.

Ra=

Rakoniß.

Rakonice, Rakownjk, Racona, königliche Kreisstadt, liegt in einem angenehmen Thale, 6 Meil von Prag westwärts, mit Mauern nach alter Bauart umgeben, enthält samt den Vorstädten 227 Häuser, die größtentheils von Stein gebaut sind. Der am Rathhause im J. 1518. von Quatersteinen erbaute, über 65 Ell. hohe, mit Schiefersteinen gedeckte, und mit einem Thurmer versehene Thurm, ist hier merkwürdig. Die Anlegung dieser Stadt wollen einige bis auf das 686. Jahr zur Zeit des Kroks hinaus setzen a), andere aber schränken solche auf die Zeiten König Wenzels des ersten ein, von dem sie erbauet, dann vom Könige Johann bestätiget, und mit vielen Privilegien begnädiget worden ist.

Der bey Rakoniß südwärts vorbeylaufende Bach, den man hier Orts insgemein den Gelden, ferner aber den rakoniger Bach nennet, entspringet auf der kolleschowitzer Herrschaft, nahe an dem Dorfe Přilep, nimmt einen bey Senomat, dann zwey kleine unbenannte Bäche bey der Stadt Rakoniß auf, und fällt unter Bürglitz in den Fluß Mieß oder Beraun. An diesem Bache ist eine Papiermühle nächst an dem Dorfe Xischin, wo ein gutes Papier verfertiget wird.

Die Nahrung der Bürger bestehet hauptsächlich im Ackerbau. Der Boden ist hier theils gut, theils schlecht, theils mittelmäßig. Das gute Winterbier,

dessen

a) Gelaſ. Hiſt. T. 2.

deſſen Stranſky erwähnet, wird hier noch heut zu Tage
gebräuet b).

In J. 1422. war dieſe Stadt nach der Art jener Zeiten ſchon dermaſſen befeſtiget, daß ſich Zibrid
hierher, als an einen ſichern Ort geflüchtet hat, nachdem er die Belagerung von Bürglitz aufzuheben, und
die Flucht zu ergreifen genöthiget worden. Hanus von
Kollowrath, und Aleß von Sternberg folgten Zibriden auf dem Fuſſe nach, eroberten die Stadt, und
ſetzten ſie in Flammen. Die Bürger ſchaften bey Zeiten Zibriden nach Saatz ab, verſammelten ſich in groſ-
ſer Menge bey der hieſigen mit Mauer und Graben
wohl befeſtigten Kirche, thaten dem Feinde großen Widerſtand, mußten aber dennoch endlich der überwiegenden Gewalt der Feinde unterliegen c). Dieſer traurige Vorfall friſchte die Bürger an ihre Wohnungen wieder herzuſtellen, und die Stadt deſto fleißiger zu befe-
ſtigen, worauf ſie im J. 1482. vom Könige Wladiſlaw II. die Freyheit erhalten, in ihrem Stadtwappen
eine Stadtmauer mit doppelten Thurme, und einem
offenen Thore, zwiſchen den Thürmen aber einen Kreb-
ſen im weißen Felde zu führen, woher auch die Stadt
nach Paproczkys Meinung ihren Namen mag ererbet
haben d). Von nun an wurden die Umſtände dieſer
Stadt allzeit blühender, und das Vermögen der Bürger ſo anſehnlich, daß ſich ſelbe von der Kameralherr-
ſchaft Bürglitz losgekaufet haben, worauf die Stadt
1588.

b) Stransky Reipub. Boëm.
c) Bartossius.
d) Paprec. de Urb.

1588. im Landtage auf Anverlangen der Landesstände
vom Kaiser Rudolph II. in die Zahl der königlichen
Städte verseßet worden ist.

Während der Unruhen in Böhmen, welche die
akatholischen Stände wider ihren rechtmäßigen König
Ferdinand II. erreget haben, kam es nahe bey dieser
Stadt 1620. den 30. Oktob. zu einem hißigen Gefechte. Die böhmischen Truppen lagerten sich eine halbe
Stunde von der Stadt unter dem Kommando des Prinzen von Hohenlohe, und verschanzten sich auf das mög-
lichste, dessen Merkmale noch heut zu Tage in dem
nächsten, der Stadtgemeinde gehörigen Tannenwalde zu
sehen sind, wurden aber von neapolitanischen Soldaten
unter Anführung des Grafen von Buquoy angegriffen,
und fünf hundert derselben nebst vielen Gefangenen niedergehauen. Von Seite der kaiserlichen blieb Afcanius
Aquaviva aus dem Geschlechte der Herzoge von Hadria
auf dem Schlachtfelde e).

Die Bürger folgten in diesen verwirrten Zeiten
dem Beyspiele mehrer anderer Städte, entsagten der
katholischen Lehre, verließen ihren rechtmäßigen Thronfolger, und wählten Friedrichen aus der Pfalz zu ihren
künftigen Regenten: darum wurden sie nach der Schlacht
auf dem weißen Berge ihres Guts Senomat verlustigt,
welches 1624. um 14986 Schock abgeschäßet, und
vermög kaiserlicher Resolution dem Grafen Hermann
Czernin zugesprochen worden f). Allein sie bereueten
alsbald ihren Fehler, erlegten allem Ansehen nach die

an-

e) Acta Boëmiae.
f) MS.

angemerkte Summe selbst, und blieben im vorigen Besitze.

Die Kirche unter dem Tit. des heil. Ap. Bartholo=
mäus ist nach der ältesten Art mit tiefen Graben und
Mauer umringet. Sie steht unter dem Patronats=
rechte des hiesigen Magistrats, wird von einem Dechant
administriret, und der Gottesdienst in böhmischer Spra=
che gehalten. In den Errichtungsbüchern geschieht eine
Erwähnung derselben schon auf das 1349. Jahr. Im
J. 1384. führte der hiesige Seelsorger schon den Titel
eines Dechants, und mußte zur König Wenzels Reise
nach Rom 2 Schock 24 Gr., oder 46 Fl. nach unsrer
heutigen Münze, nämlich den zehnten Theil seiner jähr=
lichen Einkünfte beysteuern g). Im J. 1415. wurde
von Anna einer hiesigen Bürgerinn ein Kaplan bey
dieser Kirche auf immerwährende Zeiten gestiftet h). In
derselben kömmt nebst einigen guten Gemälden besonders
der von Stein gehauene Prädigtstuhl zu bemerken, mit
folgender Aufschrift : Exiit, qui seminat, seminare
semen suum. 1504. Die große Glocke, welche 1492.
gegossen worden, und 788 Schock Meißn. gekostet hat,
führet folgende Aufschrift : Georgius Molendinator ci-
vis Rakonicensis propriis impensis curavit. Unter den
Grabschriften ist vor anderen folgende merkwürdig : Vra-
tislao & Magdalenæ Rubinis parentibus suis pietatis
ergo fieri curabat A. D. 1553. Vratislaus Rubini a
Hryngs Bergo.

In

g) Balbin Misc. L. 6.
h) LL. Erect. V. 10. F. 3.

In der Vorstadt sind noch zu sehen die Kirche der allerheil. Dreyfaltigkeit, St. Aegidy mit einer Eremitage, und St. Rochus Kirche.

Dieser Stadt haben wir auch mehrere Gelehrte zu verdanken, die hier zur Welt gekommen sind, und sich durch ihre ausnehmende Gelehrsamkeit vielen Ruhm bey der Nachwelt erworben haben. Die vornehmsten derselben waren im sechzehnten Jahrhundert: Sixt von Ottersdorf, Kanzler der Altstadt Prag, M. Thomas von Jaworic, Rektor an der hohen Schule zu Prag, Vitus Trajanus, Georg Sussil, Georg Ostracius, Georg Sufficius, Johann Malinowsky, Samuel Rabinus, Thomas Dentulus, Johann Gryllus von Gryllowa, mit seinen dreyen Söhnen Mathias, Johann und Paul, Martin Faber, Niklas Czapek. Die zwey letzteren haben sich besonders in der Dichtkunst hervorgethan. Man kann von diesen Gelehrten ein mehreres in den Abbildungen der böhmischen und mährischen Gelehrten, wie auch in Balbins Boëmia docta nachschlagen i).

Eine halbe Stunde von der Stadt, auf der Herrschaft Krussowitz findet man Rudera von dem verfallenen Schlosse Hlawacow.

Senomat (Senomaty) ein Flecken, eine Stunde von Rakonitz Westwärts, der Stadtgemeinde zu Rakonitz gehörig, nebst einer Kirche unter dem Tit. des heil. Laurenz. Diese Kirche war schon im J. 1384. mit
einem

---

i) Abbild. 3. Th. & Boëm. docta P. 2.

einem eigenen Pfarrer verſehen a), jeßt aber iſt ſelbe als Filial nach Rakoniß einverleibet.

Welwar.

Welwary, Belwar, Welvarium, königliche mit Mauren, und vier Thören verſehene Stadt an der dresdner Poſtſtraſſe 3¼ Meil von Prag Nordwärts entlegen, ſtehe unter der Protektion des Oberſtburggrafen zu Prag, und liegt größtentheils im Thale an einem Bache, der von Schlan herbey fließt, insgemein der rothe Bach genannt wird, und bey Ueberſchwemmungen oft vielen Schaden verurſachet, deſſen traurige Merkmale vom 1783. J. hier noch zu ſehen ſind; enthält ſamt der Vorſtadt 127 Häuſer. Sie war ehedem auch mit einer Poſtſtation verſehen, die aber 1757. von hier nach Weltruß, und 1782. abermal her, und endlich 1784. nach Schlan überlegt wurde. Die Hauptnahrung der Bürger beſteht nebſt Geſpunſt und Weberey, hauptſächlich im Ackerbau. Die nächſt an der Stadt liegenden Aecker ſind fruchtbar, die entlegenen aber führen mehrentheils Sand und Steine, die vielleicht den Schaden durch ihren innern Werth erſeßen könnten, wenn ſich Kenner zur Samlung derſelben fänden; wenigſtens haben die Turnauer gegen Mitte dieſes Jahrhunderts die hieſige Gegend ſolcher Urſache wegen fleißig beſuchet.

Zur

a) LL. Erect.

Zur Anlegung dieſer Stadt ſetzen zwar unſere Geſchichtſchreiber verſchiedene Jahre an a), doch kommen ſie darinn überein, daß ſelbe von Ungarn erbauet worden. Dieſe konnten nämlich jene große in Deutſchland 955. erlittene Niederlage, wozu unſer Herzog Boleſlaw I. das meiſte beygetragen, noch nicht vergeſſen, rückten 965. bis in das innerſte Böhmens ein, verheerten alles weit und breit um ſich mit ſengen und brennen, und legten endlich dieſe Stadt Bel oder Welzwar an, das iſt eine große Stadt, in der Abſicht ſich nach der Zeit des ganzen Landes zu bemeiſtern, und daſelbſt den Sitz ihrer Oberherrſchaft feſt zu ſetzen. Boleſlaw hielt nicht für rathſam dieſe fremden Gäſte länger im Lande zu dulden, überfiel, und ſchlug ſie an verſchiedenen Orten, tödtete ihren Anführer Gichan, und jagte ſie an der Spitze ſeines Kriegsheers bis an die Gränzen von Ungarn. Die neu angelegte Stadt wurde darauf mit neuen Einwohnern beſetzet, und hieng von dieſer Zeit an unmittelbar von den prager Herzogen ab. Anfänglich wurden hier die bürgerlichen Angelegenheiten durch einen Richter, und eilf Aelteſte geſchlichtet, und alles bis auf das 1430. Jahr in lateiniſcher Sprache im Rathe abgehandelt. König Wladiſlaw II. bezeugte ſein Wohlgefallen über den blühenden Stand dieſer Stadt, beſtellte zu größerer Aufnahme derſelben im J. 1482. den Tag nach St. Veit, Danielen zum erſten Bürgermeiſter, ertheilte ihr die Freyheit im rothen

a) Anonym. MS. a Gelaſ. Hiſt. T. 4. Witikindus. Ditmarus, Sigebertus, Lambertus bey Adauﬅ Voigt Münzb. T. 1.

then Wachs zu siegeln, und versetzte sie im J. 1497.
in die Zahl der Städte. Nach der Zeit, als im J.
1592, 1597, und folgenden Jahren, wurden die Raths-
glieder allemal auf königlichen Befehl erneuert; in Abwesenheit der Könige aber übte solches Recht unmittelbar der Oberstburggraf aus. Noch heutiges Tages
werden zu solchem Amte taugliche Subjekte vom Rathe
gewählet, dem Oberstburggrafen zu Prag vorgestellet,
und von demselben bestätiget b). Im J. 1593. be-
kräftigte Kaiser Rudolph II. alle von seinen Vorfah-
rern dieser Stadt verliehene Privilegien, und räumte
ihr gleich ten übrigen königlichen Städten das Recht
der königl. Landtafel ein c). Von dieser Zeit an legte
man ihr den Namen einer königl. Stadt bey, welches
auch 1747. den 19. December von der Kaiserinn
Königinn Maria Theresia in Bestätigung der Stadt-
privilegien beybehalten worden. Es scheint, als wenn
diese Stadt schon zur Zeit des Königs Wladislaw den
Gipfel ihres Glückes hätte erreichen wollen, allein das
abwechselnde Schicksal stürzte sie allemal wieder zu Boden. So wurde sie 1482, 1531, 1663, am 7. May fast
ganz ein Raub der Flammen. Im J. 1639. den 30.
Oktob. wurde sie von schwedischen Truppen unter Ban-
niers Anführung gänzlich ausgeplündert, wodurch die
Bürger in mißliche Umstände gerathen, und die ehemal
von Stein prächtig gebauten Rath- und Bürgerhäuser
samt allen Privilegien in Asche verwandelt worden sind.

Im

b) Archiv. Civit.
c) Stransky R. B. c. 2.

Erster Theil. G

Im J. 1717. ist eine prächtige Bildsäule der unbefleckten Empfängniß Mariä mitten auf dem Markt errichtet,
mit Seitenstatuen des heil. Sebastian, Wenzel, Florian und Prokop verzieret, und am Fuße derselben
ein Altartisch angebracht worden, wo zur Zeit einer
einreißenden Seuche der Gottesdienst gehalten werden
könnte.

Das Stadtwappen war ehedem ein Reichsadler,
dessen Spuren noch am Rathhause, wie auch an dem
schlaner und prager Thor wahrzunehmen sind; heut zu
Tage aber führet sie im rothen Felde zwischen zwey
Thürmen einen weißen Löwen, dessen Schweif durch
ein Thurmfenster geschlengelt ist.

Die hiesige Kirche unter dem Tit. der heil. Katharina, soll nach der Zeit an eben diesem Ort erbauet
worden seyn, wo jemal die Burg des ungarischen Feldherrn gestanden war d); sie wird jetzt von einem Dechant Hrn. Wenzel Wrana administriret, der Gottesdienst wird in böhmischer Sprache gehalten, die hier
noch heut zu Tage ächt und rein gesprochen wird, und
das Patronatsrecht steht unmittelbar dem Magistrate zu.
Schon im J. 1384. war diese Kirche mit einem eigenen Seelsorger versehen, zu dessen Behufe 1406. die
hiesigen Bürger einen Kaplan gestiftet haben e). Im
Jahre 1580. den 19. April wurde die Kirche durch einen Donnerschlag sehr beschädiget, zu deren Herstellung
1512 Thuma von Podhořan ein prager Bürger, wie
auch die Hrobčickische, deren Wappen hier noch ein

von

d) Anonym. l. c.
e) LL. Erect.

von Marmor gehauener, und mitten in der Kirche geleg-
ter Grabstein anzeiget, und Pietipeskysche Familie sehr
vieles von eigenem Vermögen beygetragen haben. Diese milde Schenkungen, und der darauf im J. 1610,
19. April erfolgte Wetterschaden, wodurch abermal die
Kirche durch einen Donnerstrahl in Flammen gerathen,
gab den Anlaß dazu, daß der Thurm um ein beträchtliches abgetragen, die Wohnung des Thurmers abgestel-
let, die Kirche erweitert, und 1701, den 20. Oktob.
von Vitus Seipel prager Weihbischofe eingeweihet worden ist f).

Außer der Stadt findet man vor dem prager Thore eine öffentliche Kapelle unter dem Tit. des heil. Georg
M., welche 1582. Georg Pechar Bürger zu Welwarn gestiftet, und mit hinlänglichen Einkünften versehen hatte, nebst einem Armenhause, darinn fünf
bis sechs Nothdürftige ernähret werden. Nächst der
am Kirchhofe stehenden Kreuzkapelle zeiget ein von
Marmor gehauener Stein die Grabstätte der Weprec-
kischen Familie an. Die zweyte öffentliche Kapelle unter dem Tit. Allerheiligen vor dem schlaner Thore, fiel
der Stadt mit dem Lehngute Malwor zu.

Der Stadtgemeinde gehören folgende nächst an der
Stadt gelegene Dörfer:

1) Nabin oder Nabdin mit der öffentlichen St.
Barbara Kapelle, die 1384. mit einem eigenen Pfarrer versehen war g), jetzt aber nach Welwarn eingepfarret ist.

G 2   2. Brat-

f) Archiv. Paroch.
g) LL. Erect.

2) Bratkowitz diese zwey Dörfer sind 1591. vom Hrn. Hertwig Zagedlitz von Schönfeld erkaufet worden.

3) Kamenitz gehörte 1580. dem Hrn. Pietipeßky, und dann dem Hrn. von Egerberg, von denen kam es an die Hrn. von Klebelsberg.

4) Groß Bučina liegt an einem Berg gleiches Namens.

Oberstburggräfliche Güter.

Diese größtentheils nahe an Prag liegenden Güter sind von den Landesständen erkauft, und zur Nutzung des angestellten Oberstburggrafen angewiesen worden, sie bestehen in folgenden Dörfern:

1) Vorder Bubenec (přednj Owenec) nebst einem neugebauten Jägerhause, und weitschichtigen k. k. Baum- und Thiergarten, darinn zu Kaiser Rudolphs II. Zeiten Hirsche, Rehböcke, Büfelochsen, asiatische Schafe, und mehrere andere ausländische Thiere aufbewahret wurden a). Der hiesigen Kirche unter dem Tit. des heil. Gothard, und oberstburggräflichen Patronatsrechte, welche jetzt mit einem Administrator versehen ist, wird in den Errichtungsbüchern schon auf das 1384. Jahr erwähnet, zu welcher Zeit Martin und Niklas Milkons von Owenec Söhne einen Zins derselben entrichtet haben b). Auf einem Seitenaltar ist hier ein schönes Marienbild zu sehen, von unbekanntem Pinsel. Im J. 1261. den 25. Decemb. ließ König Otto-

a) Balbin. Misc. L. 1.
b) LL. Erect. V. 12. A. 15.

Ottokar II. sich, und seiner Gemahlinn Kunegunde in der prager Schloßkirche die böhmische Krone vom Werner maynzer Erzbischofe auffsetzen, in Gegenwart anderer fünf Bischöfe, des Markgrafen von Brandenburg, des Herzogs aus Pohlen, und eines zahlreichen sowohl inländischen als fremden Adels, die er sämtlich durch zwey Tage mit einem herrlichen Gastmahle in einem zu solcher Feyerlichkeit prächtigen Gebäude, welches zwischen Bubeneč, Holeschowitz, und Buben auf der Letnie genannten Fläche sehr schleunig aufgeführet worden, bewirthet hatte b). Im J. 1420. nöthigte König Siegmund den Zizka von hier zu weichen, lagerte sich darauf nahe an diesem Dorfe mit seinem Kriegsheere, welches durch die Truppen der geistlichen Churfürsten, wie auch anderer Herzogen vermehret gegen hundert und funfzig tausend Mann ausmachte, und hielt den 30. Jun. unter dem Geläute aller Glocken einen prächtigen Einzug auf das prager Schloß c).

2) Lißoley von 25. N. Hermann Bischof zu Nazareth schenkte den Mansionären bey der prager Domkirche einen Hof in diesem Dorfe, den sie mit Genehmhaltung des Erzbischofs Johann Očko von Wlassim an Johann Slansky, und dessen Gemahlinn Bieta um 43 Schock prager Gr. mit der Bedingung käuflich abgetreten haben, damit selbe, oder ihre Nachfolger eine jährliche Zinsung von 6 Schock prager Gr. den Mansionären entrichten d).

G 3   3) Hole-

b) C. Cosmae.
c) MS. Laur. Brzezina. Beneß.
d) Urkunde a Gelaf. Mon. T. 4.

3) Holeſchowiţ, hier wird der Rättich mit gutem Fortgange gepflanzet, und ſeiner Güte wegen vielen anderen im Lande vorgezogen e).

4) Podbaba. Im J. 1757. den 2. May ſchlug hier die preußiſche Armee ihr Lager auf, welches ſich bis zu der Kirche in Scharka, und ferners bis auf den weißen Berg erſtreckte f); den 6. May darauf gieng jene blutige Schlacht vor ſich; der König in Preußen trug einen vollkommenen Sieg davon, obſchon er ſeinen tapferen Feldmarſchall Schwerin,den General Amſtel, und den Prinzen von Hollſteinbeck verlohren hatte.

5) Bohniţ von 26. N. liegt jenſeits der Moldau in felſigter Gegend nebſt einer Kirche unter dem Tit. der heil. Ap. Peter und Paul,und oberſtburggr.Patronatsrechte, die erſt 1738. mit einem eigenen Pfarrer verſehen worden g).

6) Ruſſin, (Ruſſina, Ruſſinė) Schloß, und Dorf an dem Bache Scharka, welcher auf der Herrſchaft Jenė, nahe am Dorfe Brzwy aus dem Abfluſſe mehrerer Teiche entſteht, bey Wokowitz ſeinen Lauf gegen Aufgang richtet, und endlich unter Podbaba in die Moldau fällt. Nächſt daran ſtoßt der kaiſerl. Thiergarten Stern oder Hwėzda genannt ſamt einem angenehmen Luſtgebäude, das ſternförmig gebaut iſt. Im J. 1620. bey der großen Niederlage der Böhmen auf dem weißen Berge flüchteten ſich fünfhundert derſelben in dieß Gebäude, wurden aber durch den kaiſ. Feldherrn Laurenz von Medices gefangen genommen h). 7)

---

e) Balbin. Miſc. L. 1.
f) Acta Boėm.
g) Carol. Rohn.
h) Acta Boėm.

7) Hliboč, Luboč, Dorf und Pfarrkirche der heil. Jungfrau Maria, unter dem Patronatsrecht des Oberstburggrafen, welche schon 1368. erbauet, und 1384. mit einem eigenen Pfarrer beseŧet war i). Herzog Boleslaw der Fromme nahm 993. die Güter Hliboč und Kuſſin dem Hradboy Werſſowec, wegen einer begangenen Mordthat an dem frommen Prieſter Proſtiwog weg, ſchenkte ſie dem neu geſtifteten Kloſter zu Břewniow, und ließ an dem Ort der verübten Grauſamkeit eine Kirche unter dem Titel der heil. Jungfrau Maria, und der heil. Fabian, und Sebaſtian errichten k), welche zu Ende des vorigen Jahrhunderts von Oberſtburggrafen Bernard Gr. von Martiniŧ wieder prächtig erneuert worden iſt l). Während der huſſitiſchen Unruhen kam Hliboč an den Hrn. Johann von Hliboč, der im J. 1492. einen Hof an den Abt Paul und das ſämtliche Kloſter zu Břewniow abgetreten hat m).

8) Podhoř von 24. N. gehört zum Theil der Kirche Maria an der Wiege in der Altſtadt Prag.

9) Weleſlawin. Ob Herzog Březomiſl, Radomils, dieſes Dorfs Beſiŧers Tochter Libuſſka 827. zu ſeiner Gemahlinn gewählet habe, dafür mag Hagek Bürge ſeyn; ſoviel iſt gewiß, daß Herzog Boleſlaw der Fromme ſelbes dem Stifte zu Břewniow geſchenket hat n).

G 4   10. Ko

i) LL. Erect.
k) Hagek.
l) Hammerſchmied Prod. Gl. Prag.
m) Litterae Ceſſionis.
n) Urkunde a Gelaſ. Hiſt. T. 4.

10) Kossie, Kossie 1680. zur Zeit der so stark wüthenden Pest zu Prag, daran nach Hammerschmieds Zeugnisse mehr als 1600. Christen und 6000. Juden gestorben sind o): kauften die Aufseher des wällschen Spitals zu Prag, die sich zu allen Zeiten höchst angelegen seyn ließen, den Armen, und Nothleidenden beyzuspringen, einen hier liegenden Weinberg dem kleinseitner Dominikanerkloster um 1900. Fl. ab, bauten daselbst, eine Kirche unter dem Titel Marien Geburt, und ein Krankenhaus, wo die mit Pest angesteckten eine Leib- und Seelenlabung haben könnten p). 1771. und 1772. wurden hier gleichfalls die an epidemischen Krankheiten verstorbene begraben.

11) Stodulek, Stodokl, Dorf und Kirche, die schon 1384. in den Errichtungsbüchern als Pfarrkirche vorkömmt. 1421. flüchteten sich in diese Kirche etliche Taboriten, wurden aber überfallen, und 16 derselben nebst Alberten von Bleskowitz, und Schwabon gefangen genommen q).

12) Kowarn, ein Pfarrdorf, welches zum Theil dem Oberstburggrafen, zum Theil auch dem prager Domkapitel am Wischehrad, und der Pfarrkirche am Thein in der Altstadt Prag gehöret, und 2½ M. von Prag links von Tursso an dem zakolaner Bache gelegen ist. Die Pfarrkirche unter dem Tit. der heil. Ap. Peter und Paul, und Patronatsrechte des Oberstburggrafen, liegt auf dem gleich daran stossenden Berge Buč. Diese

Kirche

o) Hammerschmied Prod. Gl. Prag.
p) Historische Nachricht von wällschen Spital.
q) Bartoss.

Kirche wurde im J. 905. vom Herzog Spitignew
angelegt r). Zu Ende des dreyzehnten Jahrhunderts
schenkte Kunegund König Ottokars II. Gemahlinn das
Pfarrrecht über diese Kirche, samt den Einkünften dem
wischehrader Domkapitel, welches im J. 1262. der
König selbst bestätiget hatte s). Im J. 1384. war
selbe schon mit einem eigenen Pfarrer versehen t),
endlich gegen Mitte des vorigen Jahrhunderts von
dem Oberstburggrafen Bernard Grafen von Martinitz
erweitert, und mit einem neuen hohen Altar gezieret,
und im J. 1761. durch reichliche Beysteuer des da-
maligen Oberstburggrafen Philipp Krakowsky Reichsgrafen von Kollowrat mit einem eigenen Seelsorger,
dessen sie schon von hussitischen Zeiten her beraubet war,
abermal versehen worden u).

Auf diesem Orte, wo jetzt die gleichgemeldte
Kirche, und eine Kapelle unter dem Tit. der Marien
Geburt zu sehen sind, soll ehedem nach dem Berichte
einiger Chronisten eine ansehnliche Stadt mit Namen
Budeč, und wie noch die übrigen im Schutt liegenden Mauern und Wasserleitungen anzeigen, ziemlich bevölkert, und wohl befestiget gewesen seyn x). Es soll
auch in dieser Stadt zum Behufe der studierenden Jugend, unter deren Zahl man auch den heil. Wenzel
gesetzet hat, eine öffentliche Schule errichtet worden

G 5　　　　　seyn,

r) Christannus c. 3. p. 50. Hagek.
s) Hammerschmied. Pr. Gl. Pr. p. 376.
t) LL. Erect. p. 13.
u) P. Victorinus à Gelas. Hist. T. 3. p. 392. & Archiv. Paroch.
x) Idem ibidem. p. 391.

seyn, wo die Geheimnisse der heidnischen Religion, die Philosophie, und die Gesetze der Politik gelehrt wurden y). Alles dieses behaupten einige unserer einheimischen Schriftsteller mit solcher Dreißigkeit, daß sie noch darüber nächst an dem Dorfe Teinitz die Merkmalen einer ehemaligen Wohnstätte ausweisen, wo die heil. Ludmilla ihre Herberge zu nehmen pflegte, da sie, um ihren Enkel zu besuchen, in Budeč angekommen war z). Doch diese sämtlichen Erzählungen sind nur mit einer Wahrscheinlichkeit des dunklen Altertums dermaßen durchgewebet, daß ich mir nicht getraue die mindeste Bürgschaft für die Gewißheit derselben zu leisten. Die Erbauung dieser Stadt setzet unser Hagek auf das J. 648., welche aber im J. 858. von dem saatzer Herzog Wlastislaw überfallen, und in einen Steinhaufen verwandelt worden ist. Wie man nun in dieser zerstörten Stadt den ersten Unterricht des heil. Wenzel, der erst zu Anfang des zehnten Jahrhunderts zur Welt kam a), annehmen könne, sehe ich nicht ein; obschon diejenigen, welche beydes behaupten wollen, um ihren Satz zu erweisen, für eine abermalige Herstellung dieser Stadt fleißig gesorget haben. Den gänzlichen Untergang dieser Stadt setzet P. Viktorin b) auf die Mitte des neunten Jahrhunderts, zu welcher Zeit fast die sämtlichen Steine dieser zerstörten Stadt nach Buschtiehrad abgeführet worden, und nichts, als die

zwey

y) Abbild. der böhm. und mähr. Gelehrten 1. Th. in der Vorrede p. 12.
z) P. Victorin a Gelaſ. Hiſt. T. 3. p. 391.
a) Bollandus ad 28. Sept. a Gelaſ. Hiſt. T. 3. p. 413.
b) A Gelaſ. Hiſt. T. 2. p. 86. & T. 3. p. 37.

zwey obgemeldten Kirchen auf dem Platze des ehemaligen Marktes hier übrig geblieben sind. Weil nun die
meisten Baumaterialien von Budcč zur Erbauung des
Dorfes Buschtiehrad verwendet worden sind, darum
wollen einige den Namen Buschtiehrad von dem böhmischen z Budče hrad herleiten.

13. Hostiwarž S. im Kaurimer Kreis.

Dehniß.

Dem Domprobsten bey St. Veit zu Prag gehöriges Gut. Her gehören :

1) Dehniß, Dewiz auch Debíz genannt.

2) Scharka, theils her, theils dem Oberstburggrafen gehöriges Dorf, diesen Namen soll die zu
Přemißls Zeiten ganz mit Wald bedeckte Strecke von
jenem berufenen Mädchen Scharka haben, welche Zti-
raden einen Vertrauten des Herzogs Přemißl in dieser
Gegend ermordet hat c). Gegen das 1770. Jahr
ließ Hr. Domprobst Franz Strachowsky von Stra-
chowiz die hiesige St. Mathias Kirche erneuern, und
stiftete bey derselben einen Pfarrer und Kapellan. Hr.
Gelasius zählet selbe unter jene zwanzig Kirchen, die
Boleßaw der Fromme errichtet hat d).

3) Znončic, jenseits der Moldau. Zur Zeit
des hussitischen Krieges sind dem Domprobste folgende
Güter entrissen worden : Strunkowiz, Marschowiz,
Starow, Nuzín, Nespize, Peklow, Libowiz, Je-
schina,

c) Hagek ad A. 742.
d) Gelaſ. Mon. T. z.

ſchina, Branik, Wolſchany, Hobſchowitz, Lobeč e).

4) Hoſtaun, ehemaliger Ritterſitz der Herren von Hoſtaun f) nebſt einer Pfarrkirche, die ſchon 1384. mit einem eigenen Seelſorger verſehen war g). 1500. ſchenkte Cztibor von Waldſtein dieſes Dorf dem Hrn. Heinrich von Kollowrat h).

Buben.

Dem Reichsgrafen Adam Sternberg zuſtändiges Dorf nebſt einem 1780. abgebrannten Schloſſe, und Kirche unter dem Tit. des heil. Clemens M., und Patronatsrechte des Inhabers, ſie wird von einem Abmiſtrator verſehen. Nicht weit von dannen ſind noch Spuren zu ſehen, jenes prächtigen Schloſſes Belvedere, welches 1716. von dem Gr. Waldſtein aufgeführet, bald darauf an die Czernine verkaufet, und endlich im J. 1742. von dem franzöſiſchen Feldherrn Broglio in die Luft geſprenget worden iſt.

Gut Třeßowiß.

Gehört nebſt dem Gaſthauſe Angelka dem prämonſtratenſer Stift am Straßhof zu Prag, nahe daran ſtehet eine öffentliche Kapelle unter dem Tit. St. Johann von Nepomuck. Hieher gehören ferner:

2. Horo-

e) Berghauer in Protom. P. 1.
f) LL. Erect. V. 6. T. 8.
g) LL. Erect.
h) Balbin in Syntagm. Fam. Kollowrat.

2) Horomierzitz, ein Dorf bey Scharka. 3) Kniezitvka. 4) Kleinherrn-Dorf. 5) Nebuschitz. 6) Auhonitz, Uhonicze bey Horzelitz ein Dorf von 54. N. und Kirche unter dem Titel und Patronatsrecht des obbenannten Stiftes, wird von einem Lokal-Kapellan administrirt. 1384. war selbe mit einem eigenen Pfarrer versehen a). Nächst an dem Dorfe trift man eine gesunde Wasserquälle an Belena genannt.

St. Margaret, Brewniow.

Ein berühmtes Benediktiner Kloster, wurde 993. von Herz. Boleslaw II. gestiftet, samt einer Kirche unter dem Tit. der Hr. Benedikt, Alexius, und Bonifacius, dazu er kraft eines Stiftungs-Briefs die Dörfer Brewniow, Weleslawin, Rusin, Sliboc, Skochowitz, Oprnich, Nemoyce, Trebestowic, Mrazenitz, Heridel, und Wlenc geschenket hat. Der heil. Adalbert legte noch dazu von seinen Gütern die Dörfer Bristew, und Wikan, rief die zwölf Ordensmänner, die ihn von Rom nach Böhmen begleitet hatten, von Grünberg her, und führte sie hier unter dem ersten Abte Anastas ein b). Allein dieses gemeinschaftliche Leben war von keiner langen Dauer, sie waren genöthiget dem Hasse, und Verfolgung der Heiden zu weichen. Einige wählten sich entfernte Einöden in Wäldern zu ihren Aufenthalt, sechs aber derselben verfügten

a) Lib. Erect.
b) Diplom. a Gelaf. Hist. T. 4. Adauct. Münzb. Tom. 2. Bonav. Bltter. Thef, Abfc.

fügten sich nach Pohlen. Nach der Zeit, da sich schon
ein größerer Theil von Böhmen zur Lehre Christi bekannte, sammelten sich abermal einige aus diesen zerstreuten Geistlichen, und machten sich bald sowohl durch
den Ruf ihres unsträflichen Lebenswandel, als auch
durch ihre Gelehrsamkeit bey dem Herzog Břetislaw
und Ottokar beliebet, jener ließ die von Holz gebaute,
und durch Länge der Zeit größtentheils eingegangene
Kirche niederreißen, baute 1045. eine neue von Stein
unter dem Tit. des heil. Adalbert b) und schenkte dazu das Dorf Smilowitz, und Waisowitz ; dieser aber
setzte noch hinzu 1260. das Dorf Churomirtwy c)
und den Arm der heil. Margareth, von welcher Zeit
an diese Kirche zu St. Margareth genannt wurde d).
Diese herrlichen Beyspiele bewogen den Ritter Eppo
sein Gut Sebranitz dem Abte Maynhard zum ewigen
Genuße abzutreten e). 1388. Schenkte Adalbert Rau-
konis prager Domherr bey St. Veit diesem Kloster noch
bey Lebszeiten seine zahlreiche Büchersamlung, dagegen
sich die Geistlichen verpflichteten jährlich am Tage seines
Hinscheidens ein Seelenamt für ihn zu halten, und
dreyzehn arme Schulknaben zu speisen f). Pabst Bonifacius begnädigte dieses Kloster mit herrlichen Privilegien g) und viele Geistliche wurden zu diesen Zeiten von da sowohl in, als außer Lande zu bischöflichen
In-

h) Dipl. apud Gelas. Hift. T. 5.
c) Bon. Bitt. l. c.
d) Ibidem.
e) Ibidem.
f) Cont. Cofin.
g) Balb. Epit. L. 4.

Infeln befördert. 1306. Wurde dieß Kloster von König Rudolfs I. Soldaten hart hergenommen. 1420. Aber von Hussiten größtentheils zerstöret, und zwey Geistliche ermordet. In dieser Verwüstung blieb selbes fast bis auf die Zeiten des Abtes Otmars, dieser stellte mit Beyhilfe mehrer Guttthäter 1736. das Kloster und die Kirche in wenigen Jahren in solchen Stand wieder her, wie sie noch zu sehen sind h). In der Kirche sind besonders merkwürdig die Altarblätter von Peter Brandel des heil. Benedikt, und der Tod des heil. Gunthers i), dessen Leiche hier 1045. vor dem St. Stephans Altar begraben worden ist. Ein mehreres von Brewniower Kloster kann man nachschlagen in der Historia Monasterii Brzevnoviensis, die der gelehrte Benediktiner Magnoaldus Zigelbauer zu Köln im J. 1740. in Fol. herausgegeben hat. Von den oben angeführten Dörfern hält dieß Kloster noch im Besitze nur das nächst an dem Kloster gelegene Dorf: 1) Brewniow. Uebrigens gehören her 2) Trebonitz Trebestowic. Im J. 1279. kaufte Christianus Abt zu Brewniow dieses Treboniz (Trebunitz) den Hr. Wolkmar und Wilhelm von Babienitz ab, und verpfändete es an einen prager Bürger Herbord unter einem jährlichen Zins von acht Mark Silbers k). 3) Mireschitz ein Mayerhof. 4) Suckdol, Suchdol. 5) Zawierka ein Gasthaus. 6) Königsmanka. 7) Liborka.

Sino=

h) Berghauer in Brotm. P. 1.
i) Abbild. böhm. Gel. 1. B.
k) Urkunde.

Ginoniß.

Joseph Fürsten zu Schwarzenberg gehörige Herrschaft, zu der folgende Dörfer gehören :

1) Ginoniß, Ginonice, Ginowic Schloß und
Dorf von 63. N. , eine halbe Meile von Prag Westwärts entlegen.

2) Butowiß nebst einer Kirche unter dem Tit.
St. Laurenz , die noch 1714. zur Pfarrkirche St.
Wenzel nach Prag einverleibet war , jetzt aber mit einem eigenen Administrator, unter dem Patronatsrecht
des oberwähnten Fürsten, versehen ist. Nicht weit
von da steht jene zwar nicht geräume, aber zierlich gebaute St. Prokopkirche auf einem Berge, unter derselben ist eine tiefe Höhle in Felsen , wo sich der heil. Prokop eine Zeit lang aufgehalten hat. Von dieser Höhle
wird diese Gegend insgemein das Prokopiloch genannt.
Ginoniß und Butowiß gehörten vor der Schlacht am
Weißen Berg dem Hrn. Albrechten Pfeferkorn von Ot-
topech, er wurde aber 1622. seiner Empörung halber
dieser Güter verlustigt, welche Hr. Paul Michna käuflich an sich gebracht hat a).

3) Radliß nebst einer öffentlichen Kapelle unter
dem Tit. des heil. Johann von Nepomuck.

4) Smichow von 60. N. gehört größtentheils
dem Fürsten von Schwarzenberg, und dem altstädter
Magistrat zu Prag, die übrigen Höfe, wie auch die Bar-
chet- Weber= und Hutfabriken gehören verschiedenen
prager Bürgern. Die Kirche St. Philipp und Jakob

kömmt

a) MS. und prag. Landtag von 1614.

kömmt in den Errichtungsbüchern schon auf das 1333.
Jahr als Pfarrkirche vor, sie wurde aber zu hussitischen
Zeiten ihres geistlichem Hirten beraubet, und erst gegen 1765. abermal mit einem eigenen Pfarrer besetzet, der vom altstädter Magistrat bis zur Erlegung der
kanonischen Portion nur präsentirt, vom Fürsten Schwarzenberg aber bestätiget wird.

1341. kaufte König Johann von einem prager
Bürger Tomlin genannt hier einen Hof samt allen dazu gehörigen Feld und Wiesen um 400 Schock prager
Gr., stiftete auf diesem Ort eine Karthaus von 24 Geistlichen und einem Prior, und nannte sie Mariengarten,
an Břehu Panny Marye b). Die eigentliche Lage dieses Klosters war eben an dem Orte, wo jetzt der gräfl.
buquoische, gräfl. ocsfurische, und mrazische Garten
steht, der noch heut zu Tage insgemein Karthaus genannt wird c). Von dannen erstreckten sich die Aecker
desselben bis Slichow. Unter diesen Geistlichen that
sich besonders durch seine Gelehrsamkeit hervor zu Ende
des vierzehnten Jahrhunderts Michael Vorsteher dieses
Klosters, er starb 1401., seine Werke liegen noch im
Manuskripte d). Dieses prächtige Kloster aber wurde
1419. 19. Aug. ein Raub der hussitischen Wuth e),
Die Gründe desselben kaufte 1430. Johann Smikow-
sky, und von der Zeit an hat diese ehedem Ugezd ge-
nann-

b) Neplacho. Pulkava.
c) Schmidl. Hist. S. I. L. 2. & Petz. in Codice Diplom.
　　P. 3.
d) Boëm. docta P. 3.
e) Cont. Beneff. Aeneas Silvius.

Erster Theil.　　　　H

nannte Strecke den Namen Smikow oder Smichow
bekommen f). Endlich kam dieses Dorf an den altstädter Magistrat 1562., da Kaiser Ferdinand I. demselben erlaubte die Güter des zerstörten karthäuser Klosters so lange zu genießen, bis solche von ehemaligen
Besitzern eingelöset würden g).

1611. Wurde der ganze Ort von passauer Soldaten in Brand gesteckt, und die vormal schön gebaute
Häuser eingeäschert, dessen traurige Merkmale noch zu
sehen sind h).

5) Dalep, Mühle am Walde gleiches Namens
nahe bey Hlubočep.

Gut Motol.

Des ritterlichen Maltheser Ordens zu Prag,
nebst dem Gasthause Ladronka.

Klukowic, Klukowec, Klukow.

Dem St. Bartholomäi Konvikt nach Prag gehöriges Gut. Nahe daran stößt der Berg Ornoboy.

Nesypka.

Dorf von 64. N. dem Hrn. Wenzel Tuma altstädter Bürger gehöriges Gut.

Chra=

f) Gelaſ. Hiſt. T. 2.
g) Hammerſchmid Pr. Gl. Pr.
h) Gelaſ. Hiſt. T. 2.

Chraſchtian, Chraſſtiany.

Dorf und Schlößlein dem Domkapitel zu Prag
gehöriges Gut, nahe daran ſtößt der Berg Arten, darauf eine öffentliche Kapelle zu ſehen.   Dieſem Gut ſind
einverleibet folgende Dörfer:

2) Worech , Orech, nebſt einer Kirche unter
dem Tit. der Enthauptung des heil. Johann Taufers,
und Patronatsrecht des prager Domkapitels, ſie wurde 1384. von einem Dechant, jetzt aber von einem
Pfarrer adminiſtrirt a).   1398. Gehörte dieſes Dorf
dem Hrn. Bonco von Wrſſec b). 1401. Dem Hrn.
Peter Burggrafen in Primda b).

3) Knowis, links von Swolenlowes an der
ſchlaner Straſſe, nebſt einer Kirche unter dem Tit. Allerheiligen, die 1384. mit einem eigenen Pfarrer beſetzet war d); ein Theil davon gehört nach Taujetin.

4) Aunietiß, Vnietic Dorf nahe bey Koſtock,
nebſt einer Pfarrkirche unter dem Tit. Marien Himmelfahrt, und Patronatsrecht des prager Domkapitels,
die in den Errichtungsbüchern ſchon auf das 1384. Jahr
als Pfarrkirche vorkömmt. 1233. Errichtete ein Prieſter Zbyhnew die Kirche in dieſem ſeinen Erbdorfe, und
ſtiftete dabey zwey Chorherren, welches König Wenzel I. beſtätiget hat e).

H 2   5) Woko-

a) LL. Erect.
b) LL. Erect. V. 6. N. 5.
c) LL. Erect. l. c.
d) LL. Erect.
e) Blexenberg Beſchreibung von der Stadt Königgrätz.

5) Wokowitz bey Weleslawin, 6) Homole. 7) Ginocan.

8) Přilep bey klein Kameik.

9) Duschnik, nebst einer Poststation, von dannen bis Prag eine Post, und eben so viel bis Beraun gerechnet wird, und einer öffentlichen St. Georg Kapelle. 1622. Wurde dieses Dorf dem Hrzck nach der Schlacht am Weißen Berg entzogen, und an Friedrichen von Grenach käuflich abgetreten. MS.

10) Železna, Dorf und Pfarrkirche unter dem Tit. Marien Himmelfahrt, und Patronatsrecht des Domkapitels, sie kömmt samt ihrer Filialkirche zu Chiniawa in den Errichtungsbüchern schon im Jahre 1384. als Pfarrkirche vor. Gegen Hlakow findet man einen ausgäbigen Kalkbruch, gegen Přilep aber häufige Kohlensteine, die größtentheils nach Prag verführet werden.

11) Rjep ein Dorf und Kirche.

Choteč.

Ehemaliges Stammhaus der Herren von Chotowa, jetzt dem Dechant bey Allerheiligen zu Prag gehöriges Dorf und Schloß, welches mit einer Kapelle unter dem Tit. der heil. Katharina versehen ist, 1 ½ Meil. von Prag Südwärts entlegen. Nach Hageks Zeugniß wurde dasselbe 858. von Wladislaw Herzog zu Saaz geplündert, und viele Einwohner daselbst getödtet. Her gehören ferner die Dörfer: 2) Obuzan, welches samt Choteč 1622. dem ehemaligen Besitzer Georg Mayerle entzogen, und dem Dechant bey Allerheiligen

für

für andere zur Zeit der böhmischen Unruhen ihm entrissene Dörfer mit Gutachtung des Kaisers geschenket worden ist a). 3) Cheynic.

C h a b y.

Dorf unter dem Schuße des neuſtädter Magiſtrats, gehört der St. Adalbertkirche in der Neuſtadt Prag.

Herrſchaft Tachlowitß.

Die zu Ende des vorigen Jahrhunderts Johann Graf von Bredau, zu Anfang dieſes Jahrhunderts M. Franziſka Herzoginn von Toſkana, dann das Churhaus von Bayern in Beſiße hatte, ſie kam im J. 1780. durch Erbſchaft auf Karln Auguſt Herzogen von Zweybrücken, und wurde letztlich im J. 1784. den 22. Novemb. ſamt allen übrigen in Böhmen liegenden zweybrückiſchen Herrſchaften an den Chriſtian Auguſt Fürſten zu Waldck, Grafen zu Pyrmont und Rappoltſtein ꝛc. St. k. k. Majeſtät wirklichen Generalmajor, und Inhabern eines Dragoner Regiments käuflich abgetreten. Dieſer ſind folgende Dörfer einverleibet:

1) Tachlowitß, Dorf und Schloß 2 Meil. von Prag nebſt einer Pfarrkirche unter dem Tit. St. Jakob des Großen, und Patronatsrecht des Beſißers. Die ſchon 1384. mit einem eigenen Pfarrer verſehen war a). Zu

H 3   An-

a) MS.
a) LL. Erect.

Anfang des funfzehnten Jahrhunderts war Besitzer davon Hr. Oldra von Zhudowitz, ein Anhänger der Taboriten, diesen überfiel 1434. Johann von Schwamberg, eroberte das feste Schloß, und eilte von da nach Zabielitz dem Hrn. Meinhard zu Hülfe b).

2) Hohelitz Dorf und Schloß nebst einer Pfarrkirche unter dem Tit. der Enthauptung des heil. Johann Taufers, und Patronatsrecht des Besitzers, die Errichtungsbücher erwähnen ihrer als Pfarrkirche schon auf das Jahr 1384. Im J. 1622. wurde Johann Straka der ältere aus der Zahl der Empörer dieses Guts verlustigt, welches Andreas Krle käuflich an sich gebracht hat. 3) Draheltice. 4) Nenacowice von 22. N. Kaiser Karl IV. schenkte diese zwey Dörfer dem Karoline zu Prag c).

5) Podkozp. 6) Ober-Pitsch 7) Unter-Pitsch. 8) Libecow. 9) Lhotka. 10) Rucic. 11) Swarow, Zwarow, nebst einer Pfarrkirche unter dem Tit. St. Lukas, und Patronatsrecht des Besitzers, sie war schon 1384. mit einem eigenen Pfarrer versehen d). Im J. 1250. erlaubte König Wenzel der erste kraft eines Majestätsbriefes dem Abte zu Bremniow das Dorf Churomtrwy für Zwarow zu vertauschen.

12) Hagek, anderthalbe Meile von Prag. Bey zunehmender Empörung der akatholischen Böhmen wider ihren rechtmäßigen König Ferdinand II., mußte auch der Besitzer dieses Grundes Florian Zdiarsky Graf von

b) Bartoss.
c) Berghauer in Protom.
d) LL. Erect.

von Sora, Herr auf Bladno, Roth-Augezd, Wi-
čic, und Göttersdorf, der seinem Landesherrn stets
treu geblieben, die Flucht ergreifen; er begab sich nach
Wällschland, und brachte einige Jahre in Loretto zu.
Die eifervolle Andacht, und das feste Zutrauen der
häufig herzu eilenden Pilgrime machten solchen Eindruck
bey diesem Grafen, daß er sich fest vorgenommen gleichfalls eine Lorettenkirche auf seinen Gütern zu errichten,
sobald er wieder den Genuß derselben, und einen männlichen Erben erhalten würde.   Nach der Schlacht am
weißen Berg kehrte unser Graf auf seine Güter ungestört
zurück, baute 1623. in diesem angenehmen Hayne, den
sein Vater Gothard mit verschiedenen Gattungen von
Bäumen angepflanzet hatte, die verlobte, und in ganz
Böhmen erste Lorettenkirche, und ließ selbe 1625.
12. Juny durch Kardinalen Harrach einweihen. Dessen
Sohn Franz stiftete bey dieser Kirche zu größerer Aufnahme der marianischen Andacht 1673. die PP. Franziskaner e).

     13) Riman Mayerhof. 14) Roth-Augezd Dorf.
15) Kischiß. 16) Groß Dobray. 17) Klein Dobray, oder
Dobra, 1373. gehörten diese zwey Dörfer den Brüdern
Siegmund und Andreas Hulen, welche mit Genehmhaltung König Wenzels ein Altar unter dem Tit. des heil.
Hieronym in der Theinkirche zu Prag gestiftet, und zu
jährlichem Unterhalt eines Priesters 14 Schock an diesen Dörfern angewiesen haben f).   Im J. 1554.
                    H 4   war

c) Repertorium Convent. Francis. & Hammerschmid
     Pr, Gl.

f) Diplom. Reg. Wencesl. in Abhandlung einer Privat-
     gesellschaft in Böhmen. 4. B.

war der Beſitzer dieſes Gutes Georg Žďiarſky von Žďiar g).

18) Groß Přitočna. 19) Klein Přitočna. 20) Nzebek. 21). Dolan. 22) Groß Zenč oder Jeniſchowitz von 63. N. Von dem hierorts geſegneten Ackerbau war ein allgemeines Sprichwort bey unſeren Vorältern, daß dieſes Dorf allein hinlänglich wäre, die ganze prager Kleinſeite mit Getreid zu verſehen h). 1253. 16. Auguſt ſchenkte König Wenzel I. den Kreuzherren an der prager Brücke dieſes Dorf, ſamt dem Patronatsrechte der Kirche zu Přewnitz i).

23) Klein Zenč.

24) Hoſtiwitz, Hoſtiwit, Hoſtiwice, von 53. N. 1½ Meil von Prag. Nach Hagets Bericht iſt das Schloß 884. von Herzog Hoſtiwit gebaut, und nach ſeinem Namen genannt worden. Seiner jetzigen Beſchaffenheit nach mag daſſelbe etwan zu Anfang des vorigen Jahrhunderts erneuert worden ſeyn. Die Schloßkapelle aber wurde erſt 1756. den 8. Novemb. eingeweiht. Die Pfarrkirche unter dem Tit. des heil. Ap. Jakob, und Patronatsrecht des Beſitzers, welche vom Kaiſer Karl IV. errichtet k), endlich von huſſitiſchen Zeiten an ihres Hirten beraubt, bald von Kladner, bald von Tachlowitzer Pfarrer adminiſtrirt wurde, iſt 1737. durch die gütigſte Sorgfalt Marien Großherzoginn von Toſkana abermal mit einem eigenen Pfarrer verſehen,

1737.

g) Prager Landtag.
h) Balbin Miſc. L. 1.
i) Hammerſchmid. Pr. Gl.
k) Urkunde von Hblt Ber. Krelſ.

1737. erneuert, und den 5. Novemb. u. J. mit dem
Leib der heil. Simplicia M. gezieret worden.

Im J. 1571. gehörte Hoſtiwiß dem Ritter Heinrich Stambach von Stambach 1).

25) Littowiß von 37. N. Nahe an dieſem Dorfe liegt jener große Teich an der Peterkermühle, deſſen
Waſſer fleißig geſchüßet werden muß, um ſolches bey
einfallender großen Dürre zum Gebrauche des Hradſchins
und der kleinern Stadt Prag ablaufen zu laſſen.

26) Brzwo, Brzwoy. 27) Sobin. 28) Schlei-
ßin. 29) Radoſt, und 30) ſchwarzes Rößel Gaſthäuſer.
31) Weiße Berg (Bjlá hora) wird vom Kalk, der dem bey
Podol an Güte gleich kömmt, und weißen Bauſtein, der
hier zur Bauung der Häuſer häufig gebrochen wird, ſo
genannt; enthält eine ſehr große Fläche, ſtößt Oſtwärts
an die Stadt Prag, von übrigen drey Seiten iſt er
faſt durchaus mit felſigten und gähen Abſchnitten um-
rungen. Merkwürdig bleibt dieſer Berg in unſrer Geſchichte von jener großen Niederlage, welche die Aka-
tholiſchen, und wider ihren rechtmäßigen König ſich
auflehnende Böhmen 1620. 8. Novemb. daſelbſt erlitten haben. Die Schlacht dauerte von 12 bis 3 Uhr
Nachmittag, ſechs tauſend Mann, der junge Graf
Schlick, nebſt vielen andern Feldherren blieben auf dem
Schlachtfelde, der junge Prinz Anhalt, Graf Schlick
der ältere, Styrum, und Herzog von Sachſenweimar
nebſt vielen Gemeinen wurden gefangen, die übrigen
aber in die Flucht geſchlagen. Selbſt der Churfürſt
Friedrich ließ ſeine zahlreiche Tafel, dazu er an nähm-

lichen

1) Prag. Landtag näml. X.

lichem Tage viele vom Adel geladen hatte, im Stiche,
und flüchtete sich bis Breßlau.

Bald nach diesem herrlichen Siege wurde hier 1628.
25. April in Gegenwart des Kaisers vom Ernest II.
prager Erzbischof der Grundstein zu einem Servitenklo-
ster gelegt, zu dessen Errichtung viele Guttthäter mehr,
als 16816 Fl. erleget haben m). Bey dieser feyerlichen
Handlung wurden auch Münzen ausgeworfen, welche
auf der Face die Mutter Gottes samt dem Jesukind,
welches dem Kaiser Ferdinand II. die böhmische Krone
aufsetzet, mit folgender Aufschrift vorgestellet haben:
Sub tuum præsidium 1628. 25. April, der Revers
stellte die Schlacht auf dem weißen Berg vor mit doppelter Aufschrift, oben: S. Maria de Victoria, unten:
Victoria a Ferdinando II. parta, Pragae 8. Nov. 1620.
Dieses Kloster aber konnte aus Mangel des Wassers
nicht zu Ende gebracht werden, darum wurden die Ser-
viten in die Pfarre bey St. Michael auf der Altstadt
Prag eingeführet, das unterbrochene Gebäu aber mit
Genehmhaltung Kaiser Leopolds 1673. dem Grafen
Maximilian Martiniz um hundert Dukaten verkaufet,
und in ein Gasthaus verwandelt n). Nach dem Ab-
zug dieser Geistlichen fanden sich alsbald einige fromme
Christen, die den Ort eines so herrlichen Sieges durch
ein stets währendes Denkmal verewigen wollten. Es
wurde sodann an dem Ort des Wahlplatzes eine prächtige
Kirche unter dem Tit. Maria de Victoria, deren Für-
bitte man alles dieses zugeschrieben hatte, 1706. in
Ge-

m) Hammerschmid Pr. Gl.
n) Berghauer Protom. P. 1.

Gestalt eines Sterns aufgeführet, von Veit Seipel,
prager Weihbischof eingeweihet, 1713. aber mit einer
Ringmauer und vier Seitenkapellen eingeschränket. Die
St. Adalbertskapelle ließ Hieronym Graf Kolloredo,
königl. Statthalter, und Herr auf Opočna, und Drach-
kow verfertigen, die zweyte St. Johann von Nepomuck
Kapelle ließ Franz Wenzel Graf von Trautmannsdorf,
Herr auf Leutomischl und Dürnholz, die dritte St.
Wenzelskapelle der Ritter Wenzel Markwart von
Hradek, Herr auf Wernsdorf und Laubow, die vier-
te unter dem Tit. der heil. Dreyeinigkeit der Ritter
Leopold von Mohrenfels errichten. Eben zu dieser
Zeit stiftete Hr. von Sterölz königl. Fiskus bey dieser
Kirche einen Administrator und zwey Kapläne. Diese
durch Beyhülf verschiedener Guttthäter so verherrlichte
Kirche übergab Eleonora Magdalena Kaiserinn und
Königinn, ungeachtet Graf Bredau damaliger Grund-
herr sich solche zueignen wollte, 1711. 25. Aug. fünf
prager Bürgern zu versehen, die noch heut zu Tage
die Obsorge über selbe tragen, und bey Erledigung dieser geistlichen Pfründe drey Subjekte Sr. Majestät dem
Kaiser präsentiren. Das Marienbild, welches hier
verehret wird, ließ Paul Hagen aus Bayern gebürtig
nach dem Urbild dessen, welches P. Dominik a Iesu
von Strakonitz mit sich auf den Wahlplatz der gleich
gemeldten Schlacht gebracht, dann nach Rom übertragen, und daselbst in der Karmeliter St. Paulkirche
aufgestellet hat, kopiren, und mit Genehmhaltung des
prager Konsistorii hier auf dem hohen Altar zur öffentlichen Verehrung aussetzen.

1712.

1712. 21. August. Wurde der Leib des heil. Hieronym von Maria Josepha Gräfinn Martinitz, gebohrner Gr. von Sternberg, und 1728. 22. Nov. der Leib des heil. Felician von Herrn Maximillan Siugth dieser Kirche verehret, und aus der prager Domkirche bey einem zahlreichen Umgange her übertragen.

Es kommen noch hier zu bemerken drey künstreich in Fresco gemalte Kirchendecken; die in St. Rosalien= kapelle, ist 1718. vom Hrn. Wenzel Reiner, die große Kirchendecke 1728. vom Hrn. Kosmas Aßam churfürstl. Hof- und Kunstmaler aus München, dann die in der St. Hieronymskapelle 1728. vom Hrn. Johann Schöpf aus Bayern verfertiget worden.

32) Chrustenitz Schloß und Dorf von 27. N. nahe bey der Stadt Beraun gelegen.   1432. Gieng hier ein blutiges Gefecht vor zwischen dem Ritter Zde= slaw von Bučenitz Burggrafen auf Karlstein, und Frie= drichen Kollowrath von Liebstein. Friedrich wurde über= wunden, und 80 seiner Soldaten nebst vielen andern Leuten, nach Karlstein überbracht o).

Aunost, Unhoscht.

Freyer Marktflecken unter dem Schutze des Be= sitzers von Bürglitz, liegt nahe bey Hagek an dem Ba= che Turin, der hier aus einem Teiche gleiches Namens entspringt, und sich bald mit dem Bache Lodenitz ver= einiget. Die Pfarrkirche unter dem Tit. der heil. Ap. Peter und Paul und Patronatsrechte der Kreuzherren an der prager Brücke kömmt in den Errichtungsbüchern

schon

o) Bartoss.

schon auf das 1397. Jahr vor, sie wird von einem Administrator benannten Ordens-Geistlichen versehen.

Gut Neuhof.

Gehört dem Urschuliner Frauenkloster auf der Neustadt Prag.

Gut Luzer.

Gehört dem Augustinerkloster bey St. Thomas zu Prag.

Herrschaft Bürgliß.

Gehört dem Karl Egon, Reichsfürsten zu Fürstenberg. Sie wird durch den Fluß Mies getheilet, enthält in ihrem Bezirke große Waldungen, wo sich die Könige aus Böhmen mit der Jagd oft zu belustigen pflegten. Hieher sind einverleibet folgende Dörfer diesseits der Mies:

1) Bürgliß, Burgleys, Kriwoklat, Kriwo-hnat, Hradek, Burglinum, Bürglicium, Burgelitz, festes Bergschloß an dem rakonitzer Bach mit Bergen und tiefen Wald umgeben 5 Meil von Prag Westwärts entlegen. Im J. 1110. Wurde selbes vom Herzog Wladislaw dem ersten zur Verwahrung der königl. Schätze erbauet, kurz darauf aber zur Staatsgefängniß bestimmet; so ist noch das nämliche Jahr Otto Fürst von Ollmütz Wladislaws Vetter a), dann 1320. der vierjährige Prinz Wenzel, nachmaliger Kaiser unter dem Namen Karl des IV., und letzlich Heinrich von Oesterreich, der bey

Mühl-

a) Stransky.

Mühldorf in die Hände des Königs Johann verfallen,
auf deſſen Befehl hieher in das Gefängniß verwieſen
worden. Es iſt leicht zu muthmaſſen, daß der gemein-
ſchaftliche Umgang dieſer zwey letzt berührten vornehmen
Gefangenen beyden zum angenehmen Zeitvertreib gedienet haben möge, ſie mußten aber bald von einander Ab-
ſchied nehmen; denn Heinrich iſt auf Beythun des Königs von Ungarn, und ſeiner Brüder Albrecht und
Otto Herzogen von Oeſterreich in einer Zeit von acht
Wochen wieder auf freyen Fuß geſtellet worden b).
Dieſes Schloß blieb von der Zeit ſeiner Erbauung an
ſtets bey der königl. Kammer bis zu Anfang des vierzehnten Jahrhunderts, zu welcher Zeit König Wenzel
der dritte, deſſen Jugend und Unerfahrenheit ſich die
meiſten zu Nußen machten, daſſelbe Wilhelmen Zagic
von Waldek und Haſenburg Herrn der Städte Beraun, Taus, und des feſten Schloſſes Frauenberg
geſchenket hatte. Zagic befeſtigte es 1307. auf das
vortheilhafteſte, und machte hieraus großen Widerſtand
König Rudolph dem erſten, deſſen Wahl er ſich mit
vielen andern vom erſten Adel widerſetzte. Nach bey-
gelegten dieſen Streithändeln, genoß Zagic ſeine Güter
im Friede, und hatte das Glück 1316., nachdem die
königl. Burg zu Prag abgebrennt war, und noch dazu eine ſtarke Seuche daſelbſt gewüthet hat, die Königinn
Eliſabeth nebſt dem jungen Prinzen Wenzel, und zwey
Prinzeſſinnen Margareth und Judith auf ſeinem Schloſſe
Bürgliß zu bedienen c). Er war dieſem jungen Prinzen
ungemein

b) Pulkava & Beneſſ.
c) Barthol. Paprocky Diadocho in Carol. IV.

ungemein ergeben, und verband sich noch mit andern böh=
mischen Edelleuten, denselben in Abwesenheit seines Va=
ters auf den böhmischen Thron zu setzen; als er aber
seine Gesinnungen vereitelt gesehen, zog er ganz mißver=
gnügt nach Bayern dem römischen König Ludwig zu
Hülfe, wo er mit einem seiner Landsleute in einen
Zweykampf gerathen, und getödtet worden ist d). Kaum
erhielt König Johann Nachricht davon, nahm er als=
bald das Schloß Bürgliß in Besitz, verpfändete es
aber bald darauf nebst Teyrow, Lichtenburg, Ludiß,
Gräß, Zbirow, Piskk, Tachau, Trautenau, und Nec=
tin an verschiedene Herren, welche Städte und Schlös=
ser 1333. Karl IV. wieder eingelöset, und an die kö=
nigliche Krone gebracht hat e). Die von Natur feste
Lage dieses Schlosses gab nach der Zeit den Anlaß da=
zu, daß die königliche Landtafel auf dieses Schloß ver=
legt wurde, mußte aber 1422., da selbes in Flammen
gerathen, von da nach Pilsen, und endlich nach Karl=
stein übertragen werden f). 1560. Verschenkte Erzher=
zog Ferdinand Kaiser Ferdinands des ersten Sohn und
Vicekönig von Böhmen dieses Schloß an Ladißlaw
von Sternberg. Dieser traf hier bey seiner Besitz=
nehmung einen Staatsgefangenen an mit Namen Jo=
hann Augusta, ehemaligen Bischof der Brüder zu
Leutomischel, den Kaiser Ferdinand der erste 1547. hier
festsetzen ließ. Augusta gewann durch seinen einneh=
menden Umgang bald die Gunst dieses Herrn, und er=
hielt

d) Petrus Abbas.
e) Carol. IV. in vita sua.
f) Cont. Pulkava.

hielt auf deſſen Fürbitte die Freyheit nach Prag zu ge-
hen, um ſich daſelbſt nach eingeholten weitern Unterricht zu der katholiſchen oder utraquiſtiſchen Lehre zu
bekennen, da er ſich aber zu keiner aus beyden bequemen wollte, mußte er wieder in ſein voriges Gefängniß
zurückkehren, und daſelbſt bis 1564. verbleiben g).
1633. Wurde das ganze Schloß durch ein aus Un-
vorſichtigkeit entſtandenes Feuer größtentheils beſchädi-
get, wie noch heut zu Tage die traurigen Merkmale
davon Zeugniß geben. Gegen die Mitte des ſiebenzehn-
ten Jahrhunderts war Ferdinand Adolph, Fürſt von
Schwarzenberg Beſitzer von dieſem Schloſſe, der 1680.
bey der Schloßkapelle der heil. Dreyeinigkeit einen Lokalkaplan geſtiftet, und demſelben auch die nächſt an
Bürgliß erbaute, und ſchon 1489. von Franz Biſchof
zu Segnien aus dem Franziſkanerorden am Tage der
heil. Anna unter dem Tit. der heil. Ap. Peter und Paul
konſekrirte Kirche h), zur Adminiſtrirung anvertrauet
hatte. Dieſe Stiftung wurde 1739. durch Erneſt
Grafen von Waldſtein, Herrn auf Bürgliß beſtätiget,
und endlich 1755. von Maria Anna Fürſtinn zu Für-
ſtenberg gebohrner Gräfinn Waldſtein auf immer-
während Zeiten feſtgeſetzet; durch dieſe Fürſtinn verfiel die Herrſchaft Bürgliß erblich an die jetzt regierende Familie.

2) Cjamrdowes. 3) Bud. 4) Cjaſtoniß.

5) Zbečno Pfarrdorf und Kirche unter dem Tit.
des heil. Martin Biſchofs, und Patronatsrecht, wie
auch

g) Abbildung der böhm. und mähr. Gelehr. 2. B.
h) Ex antiquo Miſſali.

auch alle hier folgende Pfründen, der oberwähnten Herrschaft, die schon 1384. mit einem eigenen Seelsorger
versehen war i). Im J. 1100. brachten die Wrssowezen
hier den Herzog Brctislaw den zweyten, dem sie schon
lange feinde waren, um das Leben, weil er sie des Landes
verwiesen, und ihnen Saatz und Leutmeritz entzogen hatte k). Nahe an diesem Dorfe liegt im tiefen Walde
das verfallene Bergschloß Hirwna an dem Bache Bli-
čawa, welcher bey dem Dorfe Rinholz entspringt,
und gleich unter dem Dorfe Zbečno in die Mies fällt.

6) Sikořice. 7) Bieleč, nebst einer Kirche unter dem Tit. des heil. Nikolaus. Jenseits des Bachs
liegt das verfallene Schloß Ginčow. 8) Braronic,
nebst einer Kirche unter dem Tit. Allerheiligen. 9) Böhmisch Lhota an dem Bächlein Bačic, welches nahe des
Dorfs entspringt, und bey Zlankowic in die Mies fällt.
10) Lana, Lany, Dorf und schönes Lustschloß links
an der Carlsbaader Poststrasse, und rakoniger Walde,
4 Meil. von Prag entlegen, welches dem Kaiser Rudolph II. und Mathias oft zu einem angenehmen Aufenthalte gedienet l), und zu Anfang dieses Jahrhunderts von der Fürstinn Maria Anna größtentheils neu
erbauet worden ist. Die Schloßkapelle, unter dem Tit.
Namen Jesus wird von einem Lokalkaplan administriret.

11) Wa-

i) LL. Frect.
k) Cosmas & Beneff.
l) Stransky.

Erster Theil. J

11) Waschirow. 12) Rischin, nebst einer Papiermühle. 13) Pustowicd. 14) Mitscherhof. 15) Stadtl oder Městecko, nebst der Kirche St. Jakob des Gr. 16) Kalubic, nebst einem nahe daran liegenden Jägerhause. 17) Groß Bukowa, und 18) Klein Bukowa. 19) Nežabudic, nebst der St. Laurenziikirche, die schon 1384.mit einem eigenen Pfar:er versehen war n).

20) Ekřiwan, Dorf von 36. N. Schloß und Kirche unter dem Tit. St. Stephan, welche schon im J. 1384. mit einem eigenen Pfarrer besetzt war, jetzt aber als Filial nach Groß-Augezd eingepfarret ist, 5 ¼ Meil. von Prag Westwärts entlegen. Es ist hierorts mehrentheils ein guter Kornboden, einige Gegenden aber sind steinicht. Die Besitzer davon waren ehedem die Ritter von Rensberg, zu deren Zeit die Kirche erneuert worden, wie es die in- und außer der Kirche angebrachten Wappen, Portraite, und Grabsteine bezeugen. Man bewundert die hier an den Kirchenfenstern künstlich und mühsam von Drath-geflochtenen Gegitter, die ein Blinder aus eben dieser Familie verfertiget haben soll. Gegen die Mitte des jetzigen Jahrhunderts kaufte Maria Anna Fürstinn zu Fürstenberg dieses Gut dem Freyherrn Löwenehr ab, und ließ es der Herrschaft Bürgliz einverleiben.

21) Wschetat, Dorf von 38. N., nebst einem kleinen Schlosse und Kapelle unter dem Tit. der heil. Wenzel und Johann von Nepomuck. Dieses Gut ist samt dem Dorfe Chlum durch die Fürstinn Maria Anna von Grafen Sparr käuflich an die Herrschaft Bürg-

n) LL. Erect.

Bürgliß gebracht worden. 22) Laschowiß von 29. N. 23) Hracholusk von 21. N. 24) Klein - Augezd. 25) Teyrowiß. 26) Neuhaus oder Daupna, nebst einem Jagdhause und St. Marien Magdal. Kirche.

Jenseits der Mies.

27) Augezdec. 28) Rakic. 29) Rostok. 30) Branow. 31) Ostrocinowes. 32) Hudlic mit einer öffentlichen Kapelle unter dem Tit. St. Thomas Ap. 33) Swata gehört theils zu Zbirow, theils zu Bürgliß. Die von hier zwischen Hokowiß und Pochowiß bis Komarow in berauner Kreise laufende Berge sollen ehemal auf Gold, Silber, Eisen, besonders aber auf Queckßilber und Zinnober in gelben Eisenstein gebaut worden seyn, jetzt aber werden nur einige Eisenhammer in dieser Gegend getrieben a)

34) Braum. 35) Skrey von 37. N., nebst einer Kirche unter dem Tit. des heil. Erzengel Michael.

36) Teyrow, verfallenes Bergschloß, welches Hagek b) und Weleslawin c) mit Angerbach vermenget haben, diente anfänglich zu einem angenehmen Aufenthalte der böhmischen Könige, nach der Zeit aber zu einem Staatsgefängnisse. 1248. Empörte sich Premißl wider seinen Vater den König Wenzel, und wollte die königliche Krone mit Beyhülf seiner Anhänger an sich bringen. Es kam bey Brüx zu einem blutigen Ge-

J 2   fechte

a) Ferber.
b) Ad An. 1315.
c) Calend. 2. Oct.

fechte, König Wenzel trug den völligen Sieg davon, ließ seinem Sohn das Verbrechen nach, nahm ihn in Gnaden auf, und trat ihm noch dazu ganz Mähren ab. Premisl anstatt die Güte seines Vaters mit gleicher Liebe und Achtung zu vergelten, ließ sich von seinen bösen Rathgebern bald wieder zu anderen Gesinnungen verleiten, überfiel seinen Vater auf dem Schloße Teyrow, und machte an ihm neue Foderungen. Wenzel wurde über das ungestüme Begehren seines Sohnes unwillig, schickte ihn gefangen nach dem Schloß Primda, die übrigen aber aus seinem Geleite ließ er theils mit dem Schwert, theils mit dem Rade hinrichten, den Gerichtplatz zeiget man hier noch heutiges Tages d). 1333. Lösete zwar Karl IV. dieses von seinem Vater verpfändete Schloß wieder ein; allein zur Zeit des hußitischen Krieges bemächtigte sich dessen Georg Habard von Adlar, und machte 1429. von da einen Ausfall gegen Prag, verheerte alles mit Rauben und Plündern, wurde von den Neustädtern verfolget, denen er aber bey Königsaal eine starke Niederlage beygebracht, vier und zwanzig feindliche Wägen in die Moldau gestürzt, und hundert sechs und sechzig Gefangene mit sich nach Teyrow geführet, die er erst in einem Jahr darauf nach Erlegung einer Geldsumme von drey tausend Schock den Pragern ausgeliefert hatte e). Zu Anfang des sechzehnten Jahrhunderts hielt dieses Schloß Jodok Teyrowsky von Einsiedel, Herr auf Bozlan, im Besitze, der 1524.

ge-

d) Cosmae Cont.
e) Bartoss.

gestorben, und in der milcoweser Kirche begraben
worden ist.

37) Hrabischt. 38) Ejssla. 39) Krb. 40) Kral
und 41) die Mühle Lybřy.

42) Podmokl, Podmokla, Dorf von 65. N. und
Schloß, welches 1707. die Grafen Michna als Besitzer dieses Ortes aufgeführet haben. 1748. kaufte
dieses Gut Maria Anna Fürstinn zu Fürstenberg dem
Freyherrn Ottolz ab, und vereinigte es mit der Herrschaft Bürgliß. 1771. den 11. Juny wurde hier nahe an dem Flusse Mies auf einer Wiese, gerade wo
der berauner, rakonizer, und pilsner Kreis gleichsam in
einem Punkt zusammenstoßen, von einem mit Heumähen
beschäftigten Bauer Janoda ein kupferner Kessel voll
alter unbekannter goldener Münzen, die bißher unter
dem Namen der Regenbogenschüßel bekannt waren, entdecket. Dieser Kessel hielt im Durchschnitte neun, in
der Tiefe aber zwölf böhmische Zoll. Die eingebrach-
ten Goldmünzen samt dem dabey liegenden 4 ½ Loth schwe-
ren goldenen Ringe, jene ungerechnet, die vor der obrig-
keitlichen Untersuchung verschleppet, oder unterschlagen
worden, sollen am Gewicht über 80 niederösterreichische
Pfund betragen haben, sie waren von verschiedener Grös-
se, einige derselben hielten am Werth 3—6—bis 8 Fl.
30 kr. In der Feine hielten alle Sorten nach der
Quartprobe 23 Karat, 8 Grän, folglich mangelte ihnen an der höchsten Feine zu 24 Karaten, nicht mehr
als 4 Grän. Herr Karl Ritter von Bienenberg und
Herr Adaukt Voigt äußerten ihre Meinungen darüber
in besondern Abhandlungen. 1760. Sind alte Goldmün-

J 3

zen

zen von gleicher Art und Gepräge, doch in einer ge-
ringern Anzahl bey Bürgliz und Kuttenberg gefunden
worden, über welche Herr Johann Klauser königl. Ar-
chivarius gleichfalls eine schöne Abhandlung geschrie-
ben hat f).

43) Neudorf. 44) Klein Kischiz oder Cha-
laupky. 45) Poteplp. 46) Althütten. Hier sind
Eisenhammer, und eine öffentliche Kapelle unter dem
Tit. Marien Geburt.

47) Chiniawa oder Cheinawa, Dorf und Filialkirche unter dem Tit. St. Prokop. 1623. Wurde
Ladislaw Ludwikowsky Bezdrujicky von Kollowrat
dieses Rittersitzes verlustigt, welchen Kaiser Ferdinand II.
dem Julius Heinrich Herzog zu Sachsen geschenket hat g).

48) Groß Lohowic liegt nahe bey Swinna.
49) Klein Lohowiz von 29. N., davon auch etwas
nach Cereschau und Hrssohlaw gehöret.

50) Lhotka sonst auch Tolhotka genannt.

Herrschaft Kruschowiz.

Karl Egon Reichsfürsten zu Fürstenberg zuständi-
ge Herrschaft, die eben so wie Bürgliz an diese Familie gelanget ist. Sie enthält grosse Waldungen, und
hie und da Kalkstein von mittelmäßiger Güte; der Bo-
ten ist größtentheils röthleimig. Hieher sind einverleibet:

1) Kru-

f) Gelaf. Prod. Hist.
g) MS.

1) Kruſchowiß (Bruſſowice) Dorf und Schloß 6
M. von Prag entlegen. Die Schloßkapelle unter dem Tit.
der allerheil. Dreyeinigkeit hat die gräfliche waldſteiniſche
Familie errichtet, und dabey einen Lokalkaplan geſtiftet.
Dieſes Dorf gehörte gegen die Mitte des vierzehnten
Jahrhunderts dem Hrn. Wilhelm Haſenburg von Kru-
ſchowiß a). Im J. 1569. hielt es in Beſiße Hr. Georg
von Naſyla b).

2) Ruda, nebſt einer öffentlichen Kapelle unter dem
Tit. des heil. Schußengels, die 1749. erbauet worden iſt.

3) Renč Dorf und Kirche unter dem Tit. der
heil. Apoſt. Peter und Paul.

4) Straſcheß, Neuſtraſchiß, Straſſecy, offene
Stadt unter dem Schuße der kruſchowißer Obrigkeit,
4 ½ Meile von Prag Weſtwärts entlegen. 1503. Ver-
ſeßte ſie König Wladiſlaw II. in die Zahl der Städte,
und verließ derſelben verſchiedene herrliche Privilegien,
zu deſſen ewigen Andenken die Bürger noch heutigen
Tages die Bildniß des ihnen ſo geneigten Königs in
ihrem Stadtwappen führen. Eben dieſer König legte
auch hier die Kirche unter dem Tit. der heil. Jungfrau Marien an, und übergab ſie der Aufſicht des
Pfarrers zu Zbečno. Bißher waren die Bürger noch
immer der katholiſchen Lehre zugethan, nachdem aber
1567. Kaiſer Maximilian den Böhmen eine allgemeine
Religions-Freyheit ertheilet hat, nahmen etliche der ſtra-
ſcheßer Bürger die Geſinnungen der Pikarden an. 1616.
Wurde dieſe Lehre auf Befehl des Kaiſ. Mathias im

J 4 ganzen

a) Urkunde, a Gelaſ. Mon. T. 1.
b) Prager Landtag n. J.

ganzen Lande verboten, die Bürger wollten anfänglich durchaus nicht von ihrem Vorhaben weichen, sondern äußerten bey dieser Gelegenheit deutliche Merkmale einer Empörung wider ihren Landesfürsten, weßwegen ihnen alle vormals verliehenen Privilegien benommen, und auf das Schloß Bürgliß in Verwahrung geleget worden sind: doch weil sie ihr Verbrechen bald erkannten, wurden ihnen solche wieder zurückgestellet, dabey aber verboten, künftig kein Bier in der Stadt zu bräuen, sondern daselbe von Krussowiß oder Bürgliß zu holen, wie auch niemanden künftig ohne Wissen der königl. Kammer in ihre Stadt aufzunehmen, oder loszulassen. Wenzel Kloßek Stadtschreiber, Adam Hlaroeck Bürgermeister, und Wenzel Türk als Aufwiegler der dortigen Bürgerschaft wurden der Stadt verwiesen c). 1661. Wurde die hiesige unter dem Patronatrecht der kruschowißer Obrigkeit stehende Kirche von zweener Pfarre getrennet, und mit einem eigenen Pfarrer versehen.

Nicht weit von dannen liegt jener weitschichtige Thiergarten, der 4 Meilen im Umfang hält, und mit hölzernen Planken umringet ist, wo sich der Fürst mit der Hirschenjagd oft zu belustigen pfleget. Die zwey hundert Schritte vom Ort entfernte St. Isidors Kapelle ist 1710. von den hiesigen Bürgern im freyen F id errichtet worden. Der Stadtgemeinde zu Straschiß gehöret das Dorf Peßinow.

5) Milostin 1350. 17. Novemb. schenkte Kaiser Karl der IV. dieses Dorf dem prager Benediktinerkloster in Emaus d).

6) Muté

c) Stransky. & Acta Boëm.
d) Urkunde Vita Caroli IV.

6) **Mutĕgowitz**, Dorf 1¼ Meile von Rakonitz Westwärts entlegen, und Pfarrkirche unter dem Tit. St. Wenzel, und Patronatsrechte der kruschowitzer Obrigkeit, sie war schon 1384. mit einem eigenen Seelsorger versehen e), 1661. als Filial nach Straschetz einverleibet, und gegen das Jahr 1677. wieder als Pfarrkirche erkläret werden. Die St. Procopi Kapelle im Dorfe ist 1744. durch freywilligen Beytrag der Pfarrkinder errichtet worden. Die hiesigen Einwohner fiengen hier vor einigen Jahren an, den Hopfen mit guten Fortgang zu bauen. Nächst an dem Dorfe liegt ein hoher Berg Žban genannt, an dessen Fuß von einer Seite Steinkohlen zu finden sind, von der andern ein verfallenes, ehemal aber festes Schloß, dessen Namen und Ursprung unbekannt sind.

7) **Nĕuchin, Neſuchyně**, Dorf und Kirche, welche 1384. mit einem eigenen Pfarrer versehen war f), itzt aber nach Mutĕgowitz einverleibet ist. Im J. 1561. willigten die sämtlichen Landesstände auf dem prager Landtage ein, daß der Oberst-Landeshofmeister Johann der ältere von Lobkowitz, Herr auf Zbiroh und Točnik, das ehedem nach Bürgliz gehörige Dorf Břežan, welches ihm Kaiser Ferdinand I. für die Dörfer Leschan und Neſuch abgetreten hatte, mit Bewilligung des Kaisers als ein erbliches Gut in die Landtafel eintragen lassen dürfte g).

8) Hředl

J 5

e) LL. Erect.
f) LL. Erect.
g) Prag. Landtag n. J.

8) Hředl. 9) Krupey. 10) Lischan, Lessany, nebst einer Kirche, welche in den Errichtungsbüchern schon auf das 1384. Jahr als Pfarrkirche vorkömmt.

11) Lužna, 12) Lubna, Lubina, von 29. N. Dorf und Kirche unter dem Tit. St. Georg.

13) Pawlikow, Dorf von 45. N., und eine schöne neugebaute Kirche unter dem Tit. der heil. Katharina, die 1779. den 19. Sept. eingeweihet worden ist. Der Ackerbau ist in dieser ganzen Gegend dermaßen schlecht, daß nach einem Strich kaum vier Mandel erbauet werden.

14) Křtiž, Křtice, ein Dorf und Kirche unter dem Tit. des heil. Nikolaus B.

15) Malinowa von 22. N.

16) Hwozd, nebst einer Kirche unter dem Tit. des heil. Johann Täufers, die schon auf das 1384. Jahr als Pfarrkirche in den Errichtungsbüchern vorkömmt.

17) Groß Augezd, Dorf von 33. N., und Pfarrkirche unter dem Tit. Marien Himmelfahrt, und Patronatsrecht der kruschowiter Obrigkeit, in den Errichtungsbüchern kömmt selbe schon auf das 1384. Jahr als Pfarrkirche vor. Der hierorts befindliche Hof Panassow Augezd genannt, gehörte ehedem als Lehngut zur Kammeralherrschaft Bürgliß, jetzt hat denselben im Besitze der Ritter Procop Fleißner von Wostrowitz.

18) Herrndorf auch Pfaffendorf und Kniciowes genannt, von 107. N., nebst einer mit Wasser und Mauer umrungenen Kirche unter dem Tit. des heil. Apost. Jakob und Patronatsrechte des Besitzers, die in den Errichtungsbüchern auf das J. 1384. als Pfarrkirche vorkömmt. Allodial-

Allodial = Herrschaft Řjebecnik.

Gehört dem Franz Anton Reichsgrafen von Mo=
stiţ und Rhinik, die er 1765. nach seinem Vater er=
erbte.　Sie besitzet große Buchenwälder, und guten
Weißenboden.　Hieher sind einverleibet:

1) Hřebecnik, Hřebecnice, Schloß und Dorf
von 2y. N. 6 Meil. von Prag Westwärts entfernet,
hat einen schönen mit Damhirschen besetzten Thiergar=
ten, den 1782. Maria Elisab th Reichsgräfinn von
Nostiţ und Rhine, gebohrne Reichsgräfinn Krakow=
sky von Kollowrat, Freyinn von Ogezd, als Genuß=
nüsserinn dieser Herrschaft angelegt hatte.　1779. Sind
hier 40 Stücke Silbermünzen in einem irdenen Gefäß
entdecket worden ; es waren zwar alle insgesamt pra=
ger Groschen vom König Wenzel III., doch aber von
zweyerley Stempel a).

2) Nowysedlo, welches im Deutschen so viel als
neue Ansiedlung heißt.

3) Czlowiţ liegt an der Mies.

Herrschaft Hoškau.

Gehört dem Wenzel Karl Hildprandt Freyherren
von Ottenhausen, dem sie nach seinen Großvater erblich
zugefallen ist.　Sie ist größtentheils bergicht, und der
Ackerboden von mittlerer Klasse.　Hieher gehören:

1) Hof=

a) Dobrowsky böhm. Litteratur.

1) Horkau, Zhor, Dorf und ein altes Schloß 6 ½ Meil. von Prag Westwärts entlegen. Im J. 1623. brachte solches Franz de Curirs Obristlieutenant käuflich an sich, nachdem der ehemalige Besitzer Adam von Wchlnitz und Tettau Empörung halber seiner Gü.er verlustigt worden ist a).

2) Rausinow von 35. N., Dorf und Kirche unter dem Tit. Marien Geburt, darinn viele Grabsteine der helverzanischen und hildprandtischen Familie anzutreffen sind.

3) Rothschloß, Brakowec, Brokowec, Brakow, Schloß, und das nächst daran stoffende eine viertel Stunde von Horkau Westwärts entlegene Dorf Sieben, Srebno, Zribene, Zrbekne, Steinna von 24. N. Das Schloß wurde nach Cosmas - Berichte zu Krolsseiten gegen das 676. Jahr nahe des Dorfs Zribene errichtet, und von deffen Namen Brokow genannt; allein zu Anfang des zwölften Jahrhunderts lag selbes schon wieder in seinem Schutte begraben b). 1007. Schenkte Herzog Jaromir dieses Schloß samt den Dörfern Gublow, Braum, Trubin, Sudlitz c), und der Oberstjägermeister-Stelle seinem treuen Diener Howora, der ihn durch seine klugen Anstalten aus der Todesgefahr, und blutgierigen Händen der Wrssowezen bey Welisch errettet hatte d). 1200. Hat Benesch von Kollowrat, der 1147. unter der Fahne des

Kö-

---

a) MS.
b) Cosmas L. 1.
c) Hagck 1003.
d) Cosmas L. 1.

Königs Wladislaw des zweyten wider die Mahometa-
ner tapfer gefochten, und die übrigen Jahre seines hohen Alters nunmehr in Ruhe zubringen wollte, dieses
Schloß wieder hergestellet, welches von der Zeit an
für das Stammhaus der gräflichen Familie Kollowrat
Krakowsky angesehen worden, und über drey hundert
Jahre bey diesem Geschlecht geblieben ist e).   1414.
Nachdem Johann Hus von der geistlichen Synode,
welche der Erzbischof zu Prag hielt, ausgeschlossen worden, verließ er voll Mißvergnügen die Hauptstadt, und
trat seine Reise nach Konstanz an, doch hielt er sich
noch eine Zeit lang zu Krakowetz bey seinem Gönner
auf, und erwartete daselbst die Herren Johann von
Chlum, Wenzel von Duba, und Heinrich von La-
tzenbock, die ihn zur allgemeinen Kirchenversamlung
begleiten sollten f).   Zu Ende des sechzehnten Jahrhunderts hielten die Herren von Lobkowitz Rothschloß
in Besitze g).   1623. Gelangte dieses Gut nach Christoph Sommer, der sich bey der Empörung der Böhmen eines Hochverrats schuldig machte, käuflich an den
Herrn Johann Zeller h), dann auf die Freyherren von
Sternberg, aus deren Geschlecht Franz Karl 1648.
als Oberstlandrichter in unserer Geschichte vorkömmt i),
und endlich auf die jetzigen Besitzer.

    Die Schloßkapelle soll von Johann dem dritten
Bischof zu Leutomischel konsekriret worden seyn.

                       5) Neu-

e) Balbin. Misc. L. 3.
f) Pelzel Hist.
g) Prag. Landtag von 1558.
h) MS.
i) Bergh. in Proem.

5) Neudorf. 6) Skupa.

7) Slabetz, Slabic, Slobec, nebst dem Lehnhof Sadlno von 32. N., 6 Meil. von Prag Westwärts gelegen. Das Schloß ist zu unsern Zeiten erneuert, und größer gebauet worden. Ob die hiesige Pfarrkirche unter dem Tit. des heil. Nikolaus und Patronatsrecht des oberwähnten Besitzers im J. 1109., wie es diese Jahrzahl an einem auswärtigen Quatersteine derselben anweiset, erbauet worden sey, ist ungewiß; so viel weis man sicher, daß sie im J. 1384. mit einem eigenen Pfarrer versehen k)., zur Zeit der hussitischen Unruhen dessen beraubet, und 1720. abermal zur Pfarrkirche erhoben worden ist.

8) Modrowitz (Modřegowice) Allodialgut, nebst einem alten Schlosse ¼ Stund von Slabetz Westwärts entfernet, zählt 38 N. Zu diesem Gut gehören:

9) Swinaken, Swinarow. 10) Kostelik, ehedem Lub genannt, nebst einer uralten öffentlichen St. Maria Magdal. Kapelle.

Herrschaft Kritz.

Gehört dem englischen Reichsstifte adelicher Fräulein in der Neustadt Prag. Zu Anfang des sechzehnten Jahrhunderts hielten dieses Gut die Herren Teytzowsky von Einsiedel im Besitze. 1531. Aber war es schon dem prager Domkapitel unterworfen, diesem kaufte 1713. den 24. April Graf Wenzel Lažansky die Güter Kritz, Czista und Bozlan ab, welche nach dessen

h) LL. Erect.

deſſen Tochter Marien Gabriele vorgeſtellten Fürſtinn
dieſes Reichsſtiftes Tod, der 1758. erfolgte, kraft ei=
nes getroffenen Kauffontraktes 1764. an das obbemeld=
te Reichsſtift gekommen ſind a). Dieſe Herrſchaft
hält mehr als zwey Meilen in der Länge und eben ſo
viel in der Breite, beſitzet dichte Wälder, darinn oft
beſonders bey Kriz ſüße Kließwurz angetroffen wird;
der Ackerboden iſt der Lage nach unterſchieden, theils
ſchlecht, theils mittelmäßig, theils auch der beſte Wei=
tzenboden. Auf der ganzen Herrſchaft iſt die böhmiſche
Sprache die üblichſte, doch ſind einige Dörfer an den
Gränzen des ſaatzer Kreiſes, wo deutſch geſprochen
wird. Hierher ſind einverleibet :

1) Kritz, (Kric) Schloß und Dorf von 30. N.,
7 ¼ Meilen von Prag Weſtwärts entlegen. Das Schloß
iſt 1766. neugebauet, 1767. die Schloßkapelle unter
dem Tit. des heil. Johann von Nepomuck eingeweihet,
und mit einem Kaplan verſehen worden.

2) Dubnan, nebſt einem verfallenen Schloſſe
nahe an dem Fluße Mies.

3) Studena. 4) Ptitz (Ptice) hofegſſi. 5)
Dolan (Dolany), Dorf und Kirche unter dem Tit.
der heil. Ap. Peter und Paul, die 1384. mit einem
eigenen Pfarrer verſehen war b), nebſt einem verfal=
lenen Schloſſe an dem Fluſſe Mies. Die häufig an
der Kirchenmauer im Steine gehauenen biſchöfliche In=
feln gaben den Anlaß zu muthmaſſen, daß ehemal Tem=
pelherren dieſen Ort im Beſitze gehalten hätten.

6) Hlintz.

a) Archiv. Oppid.
b) I.L. Erect.

6) Hlinß. 7) Holofaus. 8) Bresko ehe
maliger Ritterfiß des Hrn. Sebast. Lažansky von Buko=
wa, der sich zu Ende des sechzehnten Jahrhunderts mit der
Susanna Neblowiky von Drahobuz v rehliget hatte, wie
solches die bey dubnaner Filialkirche 1594. auf seine
Kosten verfertigte Glocke anzeiget.

9) Brežan, Dorf und Kirche der heil. Marga=
reth geweihet.

10) Hedecko. 11) Heßan (Secany).

12) Angerbach, Angropach, verfallenes Schloß
an dem Bach: Buzowa. Die r Bach entspringt hin=
ter dem Dorf Hradecka, richtet seinen Lauf gegen Auf=
gang, nimmt bey Brežan, Bresko und Lhota unbe=
nannte Bäche auf, und fällt unter Dubnan in den Fluß
Strela. 1315. Wurde Heinrich von Lippa Statt=
halter von Böhmen, weil er durch ungerechte Gelder=
pressung zu einem ungemein großen Reichtum gelanget,
und sich dem König Johann zur Gegenwehre gestellet
hat, hier in das Gefängniß geworfen, das folgende Jahr
aber auf Anlangen der Stände wieder frey gelassen c).

13) Diesem gegenüber liegt gegen Mittag das soge=
nannt gleichfalls in eigenem Schutte begrabenes Schloß
Hemole. Nach Hageks Zeugniß kaufte 1427. Niklas
Trcka von Lippa dieses Schloß um tausend Schock
Meiß.

-14) Kozlan,

c) Hagek. Weleslav. 26. Octob. Balbin. Misc. L. 3. ex
Hodicgov. MS. Franc. Prag. L. 1. & Beneß. Me-
trop. L. 2. legen diese Begebenheit dem Schlosse
Teyrow bey.

14) Kozlan, Kozlany, Kozlow, Marktflecken von 155. N., liegt auf einer Anhöhe 8 Meilen von Prag Westwärts entfernet, führet diesen Namen von seinem ehemaligen Besitzer Otto Kozlan, auf dessen Anverlangen König Johann 1313. 11. April dieß bisherige Dorf unter die Marktflecken versetzet hat. Karl IV. erlaubte den Bürgern kraft eines Majestätsbrief 1351. 17. July, wöchentlich einen Markt, und über die in ihrem Bezirke ertapten Verbrecher das Halsgericht zu halten. König Wladislaw der zweyte, der sich vorzüglich angelegen seyn ließ, die Städte und Flecken seines Landes immer mehr empor zu bringen, bestätigte alle diese Vorrechte, und ertheilte diesem Marktflecken 1472. 10. und 27. July nebst freyen Bierbräuen auch alle jene Vorrechte, deren die Stadt Rakoniß zu solcher Zeit genossen hat, und über dieß noch ein Wappen, dessen unterer Theil zwey weiße, und zwey gelbe schreg gelegene Leisten, der obere einen halben weißen Bock mit einer Hacke im braunen Felde vorstellet. Im J. 1600. 4. Decemb. sprach Kaiser Rudolph II. die Bürgerschaft von der Schuldigkeit los, jährlich ein gewisses Maaß am Getreid Wospy genannt, nach Bürgliß und Teyrow abzuführen, die er von nun an in eine jährliche Geldzinsung verwechselt hatte. Alle diese Privilegien, die mir der hiesige Hr. Dechant Karl Wenzel Kucera in Abschrift gütigst zugeschicket hatte, wurden von den künftigen Thronfolgern nicht nur bestätiget, sondern auch mit neuen Gnadenbezeigungen vermehret d). Die

Pfarr-

d) Ex Archiv. Oppid.

Erster Theil. **K**

Pfarrkirche unter dem Tit. des heil. Laurenz, und Patronatsrecht der obengemeldten Obrigkeit, war schon 1384. mit einem eigenen Seelsorger versehen e), jetzt wird selbe von einem Dechant administriret. Nebst den Leichensteinen der Hrn. von Blobnarow und Teinsky von Teinitz, die schon meistens unlesbar sind, kömmt besonders die Grabschrift des ehemaligen Besitzers hier anzuführen: Leta Panĕ 1524. tu Nedĕly po zmrtwych wstánj slawném dokonal swůg časný žiwot vrozený Pán Pán Jost Teykowsky z Einsidle na Teykowĕ a w Bozlanech ꝛc.

15) Czisley, Czista, Czisty, Marktflecken von 149. N. 7½ Meil. von Prag Westwärts entlegen, führet im Wappen das Bild des heil. Wenzel. 1526 Erklärte König Ludwig Czista zu einem Marktflecken. 1680. den 4. August erlaubte Kaiser Leopold der hiesigen Bürgerschaft drey Märkte jährlich zu halten, welches die folgenden Landesfürsten bestätiget hatten f). Die Kirche unter dem Tit. des heil. Wenzel, und Patronatsrechte der kißer Obrigkeit kömmt in den Errichtungsbüchern schon auf das 1384. Jahr als Pfarrkirche vor g), heut wird selbe von einem Pfarrer und Kaplan versehen.

16) Schößelhof, Wssesclow, Wssesulow, Dorf und Kirche dem heil. Martin geweihet. Im J. 1569. gehörte dieses Gut dem Hrn. Christoph von Kollowrat, dann im J. 1614. dem Hrn. Jarosl. Hrobčicky von Hrobčic h).

17)

e) LL. Erect.
f) Ex Archiv. Oppid.
g) LL. Erect.
h) Prag. Landtag. n. J.

17) Dlesko oder Bleskau. 18) Neuhösel. 19) Waclaw, deutsch-und böhmisches Dorf. 20) Resche oder
Reza. 21) Galterhof oder Neuhof. 22) Rjekowitz.
23) Belbowitz. 24) Schuppy oder Schippen, Sy-
py. 25) Milicow, Dorf und Kirche unter dem Tit.
Petri Bettenfeyer, welche 1384. mit einem eigenen
Seelsorger versehen war, jetzt als Filial nach Kozlan
einverleibet ist; in derselben sind folgende Grabschriften
merkwürdig:

Leta 1618. 20. July vmřel vrozený Pán Gin-
dřich Jakub Teyřowský z Einsidle, Pán na Bříči,
Dubnaneh, a Břesku, Hegtman Brage rakownického:
geho dussy Pán Buh rač milostiw byti.

Leta Páné 1590. w Nedély prwnj po weliké
Nocy předednem powolal Pán Buh smrtj stlastnau
z roboto Swěta w ziwot wěcný vrozeného Wlady-
ku Pána P. starssjho Chucinskyho z Přestawlku, z
Chlumu, a w Městečku Czisly.

26) Lhota. 27) Slatina. 28) Stracho-
witz. 29) Dubensko.

30) Nedowitz, ein Dorf von 25. N. Im J. 1688.
gehörte dieses Dorf dem prager Domkapitel i).

Herrschaft Nischburg.

Gehört dem Karl Egon Fürsten zu Fürstenberg,
der im J. 1763. zum Reichsfürsten erhoben worden.
Hieher sind einverleibet:

K 2   1) Nisch-

i) Archiv. Paroch. Schölesen.

1) Nischburg, (Ryʒbor, Rinsburg) Schloß 4 Meil. von Prag Westwärts entlegen, im berauner Kreise. Das Schloß wurde vom Johann Joseph Graf von Waldstein erbauet. Die Kirche unter dem Tit. des heil. Kreuʒes wird von ʒwey Kaplänen administriret. 1425. Den Tag vor Philippi und Jakobi bemächtigten sich Alcs von Holiʒ, und Hanus von Kollowrat mit bewafneter Hand dieses Schlosses, nahmen den Hrn. Otlikant von Wlaʒowiʒ und Slawimir Gindrissek gefangen, die übrige Besaʒung aber wurde auf der Stelle erlegt a). Nach der Zeit findet man laut vor-händiger Urkunden b) verschiedene Besiʒer davon; so verpfändete es 1472. König Wladislaw an den Hrn. Alexander Kapaun, 1482. an den Hrn. Konrad von Glosin um 400 Schock prager Gr. 1498. abermal an Hrn. Peter Kapaun. 1574. verpfändete es der König Maximilian an Hrn. Georg Otta von Loß, dem es samt dem auhoniʒer Hof 1580. der strahöfer Prä-lat abgekauft hatte. In dieser Gegend werden oft die sogenannten Regenbogenschüßeln gefunden, die am Werth 1—3—6 auch 9 Fl. halten, und von der Herrschaft eingelöset werden.

2) Neuhütten, Eisenhütte mit fünf Hammerwer-ken und einem Hochofen von 25. N. 3) Strado-niʒ, Dorf von 52. N. 4) Zlaukowice, Dorf von 28 N.

Stift.

a) Bartoss.
b) MS.

Stift Plaß.

Plaß, Plac, Plaſſy, Plaſſium, ein berühmtes Ci-
ſterzienſer Stift, und Dorf von 28. N. an dem Fluß
Striela, 9½ Meil. von Prag Weſtwärts entlegen. Der
Ackerboden iſt hier theils mittelmäßig, größtentheils aber
der letzten Klaſſe zuzurechnen. Die böhmiſche Sprache
prädominirt daſelbſt durchaus, einige deutſche Dörfer
ausgenommen, die gegen Rabſtein liegen. Zu Zeiten
Kaiſer Ferdinands des erſten wurden hier auch Bergwerke fleißig betrieben, wie es die von nämlichen Kaiſer darüber ausgeſtellten Freyheitsbriefe bezeugen a).
Der Abt dieſes Stiftes, deren man 59 bis auf den
jetzigen zählet b), iſt ein Mitglied des geiſtlichen Stan-
des im Königreich Böheim, und infulirter Probſt bey
St. Magdalena zu Böhmiſch Leipa. Dieſes Stift
hat ſeine Errichtung dem Herzog Wládiſſaw II. zu
verdanken, welcher 1146. die erſten Geiſtlichen dieſes
Ordens von Langheim aus Franken unter dem Abte
Konrad hieher berufen, zur Unterhaltung derſelben die
Dörfer Kaſſene, Wrażny, Nebriſin, und Schupa
gewidmet c), und 1154. den Grundſtein zur erſten Stiftskirche geleget hat, die aber erſt unter dem Abte Mein-
got zu vollkommenem Stande gekommen, und 1204.
durch Roberten Biſchof zu Ollmütz konſekriret worden
iſt. Nicht minder freygebig bezeigten ſich die nachfol-
genden Könige und andere Wohlthäter gegen dieſes

K 3   Stift,

a) Adaukt Voigt Münzh. T. 1.
b) Steinbach diplom. Samlung.
c) Urkunde a Gelaſ. Hiſt. T. 6.

Stift, die daſſelbe theils mit anſehnlichen Privilegien
beſtätiget, theils durch Widmung eigener Güter bereichert haben.   So ſchenkte 1175. demſelben Herzog
Sobieſlaw die Dörfer: Křecow, Babina, Lomnitz,
Lutti, und Lukow d).   1180. Leſo von Železnice:
Bikow und Wilčekow e).   1183. Herzog Friedrich:
Czelowitz, Zechutitz, und Kočin f).   1192. Udalrich von Lutitz, das Gut Minitz g).   1193. Herr
Ditleb: Straſchitz, Czedlitz, Ceernogul, Dubrawic,
Bor, und Mladotitz oder Mlas h).   1214. Agnes
hinterlaſſene Wittwe Konons von Potworow: Mo-
čidly, Hluboky, Vplawice, Vdraʒka, Zruba i).
1230. Ritter von Teinitz: Teinitz, Olſowe, Vgezd k).
1232. Ritter Radimir: Vgezdec, und Březy l).
1252. Heinrich Pfarrer in Klabrub: Podmuk, und
Mork m).   So häufig als dieſes Stift an Gütern
bisher zugenommen hat, ſo wuchs auch die Zahl der
Ordensbrüder, deren hier fünfhundert gemeinſchaftlich
lebten, und zu Anfang des dreyzehnten Jahrhunderts
Kolonien nach Wellehrad, Gredit bey Münchengräß
in Böhmen, und Königsthron in Mähren, welche
zwey letzteren nur dem Namen nach noch bekannt
ſind,

d) Urkunde a Gelaſ. Hiſt. T. 6. Mont. T. 4.
e) MS.
f) Ex Archiv. Convent.
g) Urkunde a Gelaſ. Hiſt. T. 6.
h) MS.
i) Ibidem.
k) Ibidem.
l) Ibidem.
m) Ibidem ex Archivo Conventus.

sind, abgeschicket hatten n). 1625. Bauete Abt Gerard zwischen der Klostermauer eine Kapelle unter dem
Tit. der heil. Magdalene, die 1692. durch den Abt
Andreas Troyer erneuert, und mit einem Gemälde
Magdalenen der Büßerinn von dem kunstreichen Pen-
sel des Hrn. Liska versehen wurde. Im J. 1420.
überfiel die zizkische Rotte dieses Kloster, verwüstete
dasselbe mit Feuer und Rauben, und zerstörte die Kirche samt dem Kloster. Der Abt Gottfried flüchtete
sich mit wenigen Geistlichen nach Manetin, die übrigen
aber mußten ein Opfer des wüthenden Feindes werden.
Die Güter wurden dem Stifte entrissen, und unrecht-
mäßigen Besitzern zugesprochen. In diesen mißlichen
Umständen blieb dieses Kloster, wo während dieser Zeit nur
sechs bis sieben Brüder kümmerlich lebten, bis nach dem
glücklich erfochtenen Siege auf dem weißen Berge. Der
königliche Statthalter Jaroslaw von Martinitz hege-
te noch stets ein fühlbares Herz gegen jene liebreiche
Aufnahme, die ihm 1618. nach seiner Herabstürzung
aus den prager Schloßfenstern, in diesem Kloster geleistet
worden, rühmte derohalben sowohl diese, als auch die
zu Pilsen wider Mannsfelden tapfere Gegenwehre, und
darauf in schröcklichen Kerker erlittene Drangsalen des
Abtes Georg Wasmuth bey dem Kaiser Ferdinand
den zweyten bestermaßen an, stellte auch vor jene
80000 Fl., die das Stift theils zur Anschaffung nöthi-
ger Kriegsrüstung auf Befehl des Kaisers Mathias der
Stadt Pilsen vorstreckte, theils zur Auslösung des gemeldten Abtes, Mannsfelden erlegen mußte, und brach-

K 4 te

n) Steinbach. l. c.

te es durch seine Vorstellung endlich dahin, daß die Güter Tatzerow und Bralowitz den ehemaligen Besitzern
Wenzel und Albrecht von Griesbeck o) benommen,
und dem Stifte 1623. zurückgestellet wurden. Von
dieser Zeit an schien das Glück diesem Stifte wieder
günstiger zu werden, und die Aebte ließen sich vorzüglich angelegen seyn, die zerstörten Gebäude aus dem
Schutte abermal hervorzubringen. Im. J. 1661. legte
Abt Christoph Tengler die erste Hand zur Erbauung der
Stiftskirche an, die aber erst 1668. zu Stande gebracht,
und 1688. 11. July von Johann Grafen Waldstein
prager Erzbischof unter dem Tit. Marien Himmelfahrt
konsekriret worden ist. Andreas Troyer erbauete bald
nach seiner Wahl, die 1681. vor sich gieng, viele von
Zißka-Zeiten her öde liegenden Dörfer, und das ansehnliche Haus zu Prag auf der Neustadt in der breiten
Gasse, welches ehedem der Judengarten genannt wurde; legte endlich 1698. kurz vor seinem Tode den Grundstein zu der jetzigen prächtigen Abtey. Diesem folgte
1699. ein eben so wirksamer, und mit Verherrlichung
seines Stiftes nicht minder beschäftigte Abt Eugen Ti-
rel; dieser versah die neugebaute Kirche mit kostbaren
Geräthschaften, ließ in derselben ein vortrefliches Or-
gelwerk setzen, welches vor vielen anderen in Böhmen
den Vorzug hat, sammlete verschiedene Gemälde von
berühmtesten Meistern Skreta, Brandel, Pink, Will-
mann, Lißka, Liebl, und Albrecht Dürrer, und legte endlich den Grundstein zu dem jetzigen prächtigen Kon-
ventgebäude mit folgender Aufschrift: 1714. die 6. Aug.

Almo

o) MS.

Almo Patri ac Duci Monachorum sancto Benedicto lapis hic fundamentalis benedictus est in titulum capellae ab Abbate Eugenio Tittel, Monachisque de Plaſs Ordinis Cisterciensis, und brachte dieſes Werk 1736. glücklich zu Ende. Das weiße mineraliſche Plaſſerpulver iſt für ſich genug bekannt, als daß ich daſſelbe hier anrühmen ſollte. Der Erfinder deſſen war ein in der Chimie wohlerfahrner Prieſter dieſes Stiftes Lukas Gottlieb. Daſſelbe iſt ſowohl hier als auch zu Prag im Plaſſerhauſe in kleinem und größerm Gewichte zu haben, das Pfund pr. 1 Dukaten. In hieſiger Gegend giebt es gewiſſe Art von Steinen, die etwas größer als ein Adlerſtein ſind, und inwendig eine gelbe Farbe haben, welche durch Feuer bereitet, ſowohl zu Oel- als Freſko- Malereyen dienet.

Dieſes Stift beſitzet folgende Dörfer, welche theils dieſſeits, theils jenſeits des Fluſſes Strela liegen, dieſer Fluß wird auch Schnelle, Schipka, Schalotka genannt, entſteht in dem pilſner Kreiſe nahe bey dem Flecken Schönthal, fließt bey Luditz, Rabſtein, Manetin vorbey, ſcheidet bey Plaß den rakonitzer und pilſner Kreis, und fällt endlich bey dem Schloß Liblin in die Mies.

Dieſſeits der Strela.

1) Ober Hradiſcht. 2) Unter Hradiſcht. 3) Kotſchin, Bocin. 4) Babina. 5) Zebnitz, Zebnice, Dorf von 31. N., und Pfarrkirche unter dem Tit. des heil. Apoſt. Jakob des Größern, und Patronatsrechte

K 5   des

des Stiftes, die 1531. nach dem Brand wieder hergestellet, und mit neuen Glocken versehen worden. In dieser Kirche findet man folgende Grabschrift in Stein gehauen : Na den Swateho Matiege Apostola Panie Umrz'ela Pannj Katerz'ina Tilingarowa posustala Wdowa Za dobre Pamieti Urozeneho Pana Pana Tilingra ze Sdradan , niekdy Heytmana Klasstera Plaskeho, wieku sweho 82. Leta 1653. Aus der Bulle Pabst Innocenz des vierten von 1252. wo ein Meldung dieses Dorfes vorkömmt, läßt sich auf das Alter desselben schließen a). Nahe des Dorfes ist eine wohlangelegter Thiergarten von Damhirschen, und das verfallene Schloß Schebikow, welches nur dem Namen nach noch bekannt ist, zu sehen.

6) Trogerowitz. 7) Mlatz, Mlac, Mladotic, Dorf und Kirche unter dem Tit. des Namen Marif, die 1710. von dem Abte Tittel in sechseckigter Forme prächtig aufgebauet worden. Nicht ferne von dannen trift man einen großen und künstlich angelegten Teich.

8) Kaletz gehörte ehedem dem Hrn. Adam Ferdinand Audricky ; nach der Schlacht am weißen Berge aber, wurde es dem Kloster Plaß zurückgestellet. 9) Bukowina 10) Rzemoschin. 11) Wolschan.

12) Potworow, Dorf von 40. N., und Pfarrkirche unter dem Tit. des heil. Nikolaus, die 1241. erbauet worden, und schon 1384. mit einem eigenen Pfarrer versehen war. b). Ein geringer Theil davon gehöret nach Rabenstein.

13) Bilau,

a) Ex Archivio Plassensi.
b) LL. Erect.

13) Bilau, Bilow. 14) Sedletz. 15) Hra-
decko. 16) Hubenow, Meyerhof.

17) Marien Teinitz, Dorf und prächtige Kirche unter dem Tit. Marien Verkündigung, mit einer
schönen Lindenallee, die sich bis Kralowitz erstrecket.
1682. Führte hier Abt Andreas Troyer eine neue
Probstey auf, und besetzte sie mit vier Geistlichen nebst
einen Probsten. Da sich aber die Zahl des herzueilenden Volkes von Jahr zu Jahr vermehrte, und die
vom Abte Jakob Wrchota 1640. erweiterte Kirche
dasselbe zu fassen nicht vermochte, legte Eugen Tittel
1711. den Grundstein zu der jetzigen prächtigen Kirche,
welche 1777. Abt Fortunat Hartmann völlig zu
Stande gebracht hat c).

18) Sechotitz, Meyerhof.

19) Kralowitz, Kralowice Cynadrowy, unter
dem Schutze des plasser Stiftes, 8 ½ Meile von Prag
Westwärts entlegen, wurde 1437. vom Kaiser
Siegmund, und 1509. von Wladislaw dem zweyten mit herrlichen Privilegien versehen, und 1547.
von Ferdinand dem ersten zu einer Stadt erhoben,
führet im Wappen das Bild der heil. Dorothea d).
1580. Kam dieses Gut samt allen zugehörigen Dörfern käuflich an den Herrn Wsseslaw Strogetic-
ky von Strogetic, und kurz darauf an die Herren
von Griesbeck e). Die Kirche unter dem Tit. der heil.
Apost. Peter und Paul, und Patronatsrechte des
Stiftes, kömmt schon 1384. in den Errichtungsbüchern
als

c) Archivum Cenobii.
d) Ex Archivo Oppidi.
e) MS.

als Pfarrkirche vor , und wird noch heut zu Tage
von einem Pfarrer administriret. 1581. Bauete Flo=
rian Griesbeck die jeßige Kirche von Grund auf, dazu
1614. Paul Griesbeck eine neue Glocke durch Hein=
rich Genomat von Sternstat Bürger zu Schlan ver=
fertigen ließ. Im J. 1658. den 25. Jun. wurde
die ganze Stadt durch eine heftige Feuersbrunst ganz
eingeäschert, das Schloß allein ausgenommen, welches
zu dieser Zeit Georg Ludwig Milcowsky Herr auf
Kralowiß bewohnet hatte f). Die Söhne des gleich=
genannten Florian Griesbeck legten hier eine schöne
Familiengruft an , darinn 16 einbalsamirte Körper
beydes Geschlechts noch zu sehen sind, mit dieser Grab=
schrift : Deo Optim. Max - & Memoriae S. Floria-
no Griespeckio a Griespack - Equiti Aurato. Trium
Impp. Confiliario - Maximil. I. Carol. V. & Ferd. I.
ad mortem usque probatiffimo - unius beatae conju-
gis - Rofinae Helceliae a Silian - Beato Marito - XIV.
Filiorum & X. filiarum - Patri , Educatorique - opti-
mo , - virtutis fectatori unico - Mufarum Hofpiti -
Aulae Caefareae Lumini - in Aede hac - a fe a funda-
mentis exftructa - In qua mortalitatis fuae , - Suorum-
que - exuvias deponi voluit. - FilI haeredd. moeftiff. -
Parenti bene merito - M. H. P. P. - B. ann, LXXVIII.
M. III. D. XI. - ⊙ ann. Sal. Ch. h. XXCVIII.
XXIX. Martii - hor. VI. mat. Nebst diesen sind
noch folgende Grabsteine hier zu bemerken :

    1) Hic jacet Illuftriff. D. D. Maximilianus L.
B. de Wunschwitz ad inclitum regimen de Stahrn-
berg

<hr/>

f) Hift. S. Mont. Germ. Balbin L. 4. c. 22.

berg Vice - Colonellus , natus 1710. die 10. Iu-
nii. Pie in Deo obiit Kralowitzii a. 1759. die 22.
Aprilis.

2) Hic jacet Illuſtriſſ. D. D. Petrus Comes de
& in Arco apud inclitum regimen de Ellrichshauſen
Supremus Vigiliarum Praefectus. Obiit 23. Aprilis.
a. 1770. aet. ſuae 42. an.

20) Habacka. 21) Weyrow. 22) Kopidlo
23) Buček. 24) Lednitz. 25) Borek. 26) Drewec
27) Czernikowice.

28) Hodina, Dorf und öffentliche Kapelle unter dem Tit. des heil. Johann Täufers, die 1751. vom
Abte Silveſter Hetzer erbauet worden.

29) Wſſehrd, Dorf und Kirche unter dem Tit.
des heil. Prokop, die 1384. mit einem eigenen Seelſorger verſehen war g), jetzt als Filial nach Kralowitz
einverleibt iſt.

30) Prodeſlab. 31) Kraſchowa , Braſſow,
Dorf nebſt einem uralten Bergſchloſſe, gehörte 1430.
dem Hrn. Hanus von Kollowrat h). Im J. 1558. hielt
Hr. Johann Mladota von Solopiſk dieſes Schloß in
Beſitze i). Im J. 1571. Hr. Wilhelm Swital von
Landſtein k). Zu Ende des ſiebzehnten Jahrhunderts
war deſſen Beſitzer Norbert Miſeron, Ritter von Li-
ſſon, dem es der Abt Benedikt Engelken ſamt dem
Dorfe Rozoged abgekauft hatte. Die hieſige Schloß-
kapelle iſt unter dem Tit. der heil. Ludmilla.

32) Rohy

g) LL. Erect.
h) Bartoſſ.
i) Prag. Landtag.
k) Prag. Landtag.

32) Rohy. 33) Bohy. 34) Rakolaus. 35)
Striman. 36) Ondřegow. 37) Kozoged, Dorf
von 34. N., eine Pfarrkirche unter dem Tit. des heil.
Nikolaus, und Patronatsrechte des plasser Stiftes, die
schon 1384. einem eigenen Seelsorger hatte 1). 1723.
Hat Abt Eugen Tittel die jetzige Kirche ganz neu gebauet, und mit neuen Altären versehen, das hohe Altar ausgenommen, welches 1678. von ehemaligen Besitzer Hrn. Miseron von Lison aufgestellt, und zur
Gedächtniß beybehalten worden.

Jenseits des Flußes Strela.

1) Unter Briza. 2) Robschitz, oder Hrobčic. 3) Korit. 4) Dobřisch oder Dobřc.

5) Kazerow, Kätzerhof, ehemaliger Marktflecken,
nun ein Dorf von 28. N., und Schloß mit einer Kapelle unter dem Tit. des Johann Täufers, welches
1552. von Griesbek erbauet, und stark befestiget worden, jetzt aber sehr eingegangen ist.

6) Jarow. 7) Chotina, nebst einem großen
Teiche, dabey eine von Quatersteinen verfertigte, und
hundert prager Ellen lange Wasserröhre sehenswürdig
ist, mit folgender Aufschrift: Fr. anDreas troIer
MonasterII pLassensIs abbas sVae Charae posterItatI
eXstrVXIt.

8) Plana

1) LL. Erect.

8) Plana, Dorf von 20. N., an dem Fluß Mies, 9 Meilen von Prag entfernet. Die Pfarrkirche unter dem Tit. Marien Himmelfahrt, und Patronatsrechte des Stiftes, wurde 1688. vom Abt Andreas Troyer erneuert, und 1752. vom Abt Silvester Hetzer um ein merkliches erweitert, sie kömmt in den Errichtungsbüchern schon 1384. als Pfarrkirche vor.

9) Zichlitz von 21. N. 10) Tremoschnitz, Meyerhof.

11) Ninitz oder Linz, Dorf nebst einer öffentlichen Kapelle der heil. Katharina gewidmet, die der Abt Eugen Tittel von Grund auf errichtet, und mit einem kostbaren St. Katharina Bild von unbekannten Pinsel gezieret hatte.

12) Nadrib. 13) Koressnik, Mühle.

14) Kostelec, Dorf und Kirche unter dem Tit. des heil. Georg, die 1384. mit einem eigenen Seelsorger versehen war l). 15) Deutsch Briza. 16) Böhm. oder Unter Briza.

17) Hromnitz, Dorf nebst einer Alaunsiederey von 20. N. Hier soll eine Kirche gebauet, und ein Seelsorger gestiftet werden.

18) Wikowa, Schloß und Dorf.

19) Wobora, Dorf von 22. N., 10 Meilen von Prag, nebst einer neuen 1708. vom Abte Eugen Tittel unter dem Tit. des heil. Erzengel Michael von Grund erbauten Pfarrkirche; das Patronatsrecht steht dem Stifte zu. 1384. War die hiesige Kirche schon mit einem eigenen Seelsorger versehen m).

20) Kase-

l) LL. Erect.
m) LL. Erect.

20) Kasenau oder Bāsinow. 21) Buč, Dorf, welches auch zum Theil nach Manetin, und Lichtenstein gehöret.

22) Losa, Dorf von 22. N., davon viere nach Manetin gehören, und eine öffentliche Kapelle der heil. Dreyeinigkeit geweihet, die 1384. von eigenem Pfarrer administrirt wurde n). 'Diese Kapelle hat 1719. Franz Freyherr von Wřezowec theils von jenen 3000. Fl., die sein Bruder Anton zu diesem Vorhaben gewidmet, theils von anderm in ganz Böhmen hiezu gesammelten Gelde zwar prächtig aufgeführet, den obern Theil derselben aber durch fünf Thürme und eine Kuppel dermassen beladen, daß man den Einsturz derselben täglich zu besorgen hat.

23) Hubenow. 24) Přehořow.

25) Biela Allodialgut, wird in Ober Biela, wo die Pfarrkirche, und Unter Biela, wo das Schloß ist, und das dazwischen gelegene Dorf Neustadtl eingetheilet, sammentlich von 78. N. 11 Meilen von Prag entlegen. Zu Ende des sechzehnten Jahrhunderts hatte dieses Gut Hr. Christoph Markwart im Besitze, wie solches aus dem Wappen und Aufschrift ober dem Schloßthor zu ersehen ist. Kryštof Markwart z Hradku na Biely. Marußa Markwartowa z Račna na Biely. 1584. Zu Anfang des achtzehnten Jahrhunderts waren Besitzer davon die Freyherren Byschperský von Wřezowec. Im J. 1757. trat Sylvia Gräsinn von Klenau, gebohrne Freyinn von Wřezowec dieses in Krida verfallene Gut dem plasser Stifte käuflich

n) LL. Erect.

käuflich ab. Die Pfarrkirche unter dem Tit. des Kreu-
zes Erhebung, und Patronatsrechte des plasser Stiftes, wird noch heut zu Tage wie 1384. o) von einem
Weltpriester administriret. Sie wurde 1615. durch
den Hrn. Dionis Markwart Herrn auf Béla, und
dann 1762. auf Kosten des Stiftes erneuert. Man
hielt bey dieser Gelegenheit für billig, die an der Kirchendecke der ehemaligen Guttthäter-angebrachte Wappen
und Aufschriften beyzubehalten, sie lauten also: Diwiš
Markwart z Hradku na Bély, Nekmiřy, a Podmo-
klech 1615. Alžběta Markwartowa rozena Ržičan-
ka z Žlinsteinu, a Rozok na Bély. Anna Markwartowa rozena z Žičan, na Bély, w Nekmiřy a Pod-
moklech. Die öffentliche Kapelle unter dem Tit. des
heil. Johann von Nepomuck ist 1775. von der Gemeinde des Dorfes aufgeführet worden.

25) Wřezowka. 26) Tlucna. 27) Bröd.
28) Tiß, nebst einer Kapelle des heil. Johann Täufers.

29) Wrtby, Wrtwa, verfallenes Schloß, so
der Stammort der Grafen Wrtby seyn soll, nebst einem Meyerhofe, und Phasangarten.

30) Bilka, Mühle. 31) Lomička. 32) Loman.
33) Ribniß. 34) Nebřižin oder Brück: Kaiser Rudolph der zweyte erlaubte dem Abte Adam Wild bey
der hier erbauten Brücke einen Zoll oder Maut einzunehmen, welches von Kaiser Karl VI., und Maria
Theresia bestätiget worden p).

Allodial.

o) LL. Erect.
p) Archiv. Coenob. 31. Beet.

Erster Theil. **L**

Allodial-Herrſchaft hoch Libin.

Gehört dem Reichsgrafen Stephan Olivier Wallis, die er ſamt Petrowitz und Kolleſchowitz nach dem
Feldmarſchall Georg Olivier Wallis geerbet hat.
Sie liegt großentheils eben, hat ſchöne Waldung, und
theils mittelmäßigen, theils auch guten Weitzenboden.
Die Unterthanen ſprechen deutſch.   Hieher gehören
folgende Oerter :

1) Hoch Libin, wyſoká Libina, Dorf und Schloß
von 48. N., 8 ¾ Meil. von Prag Weſtwärts entlegen.
Die Kirche unter dem Tit. des heil. Blaſius, und Patronatsrecht des Inhabers kömmt in den Errichtungsbüchern
unter dem Tit. des heil. Aegidius. 1336. als Pfarrkirche vor a), wurde aber in ſpätern Zeiten ihres geiſtlichen Vorſtehers beraubet, und erſt 1759. abermal
zur Pfarrkirche erhoben.

2) Judenhäuſer, größtentheils von Juden be-
wohntes Dorf. 3) Grünthal, Meyerhof. 4) Hein-
richsdörfel, oder Wallisgrün auch Kuſowa. 5) Welhoten. 6) Neuwallisdorf wurde 1779. angelegt.
7) Deſlawen.

Allodial-Herrſchaft Petrowitz.

Gehört dem Reichsgrafen Stephan Olivier Wallis. Der Boden iſt hier mittelmäßig, und die Unterthanen böhmiſch. Hieher ſind einverleibet:

1) Pe-

a) LL. Erect. V. 4. N. 6.

1) Petrowih, Petrowice, Dorf und ein altes
Schloß, das mit einer dem heil. Erzengel Michael
geweihten Kapelle versehen ist, nebst einem Gesundbaade,
und wohl angelegten Phasangarten, von 39. N., 6½ M.
von Prag Westwärts entfernet.   Im J. 1569. hatte
der Ritter Radslaw Wchinsky von Wchiniz Petrowih
im Besihe a). 1623. Wurde der Besiher Georg Hrob=
ělěk dieses Guts verlustigt b), welches Johann Zeller,
dann die Grafen von Waldstein, und lehtlich die jehige
gräfliche Familie von Wallis käuflich an sich gebracht
hat.   Die Pfarrkirche unter dem Tit. Marien Heim=
suchung und Patronatsrecht des Besihers ist durch Jo=
seph Grafen von Waldstein von Grund auf neu er=
bauet worden.

2) Seywedel, oder Zabitow. 3) Pručina, Dorf
von 23. N., davon drey Freysassen nach Bürglih gehö=
ren, die ihre Freyheit von Kaiser Wenzel dem vierten her=
leiten, dessen Jagdhunde ihre Vorfahrer füttern mußten.

4) Seneh, Dorf von 22. N., nebst einem ver=
fallenen Schlosse, in einer schönen und fruchtbaren Ge=
gend, 6 Meil. von Prag gelegen.

5) Hostokrey. 6) Schanowa oder Sanow,
Dorf von 39. N., und Kirche unter dem Tit. Marien
Himmelfahrt, die 1384. in den Errichtungsbüchern
als Pfarrkirche vorkömmt c), jeht aber nach Petrowih ein=
verleibet ist.

7) Rauzowa, nebst einem baufälligen Schlößel.

L 2   Alb=

a) Prager Landtag.
b) MS.
c) LL. Erect.

Allodial-Herrschaft Koleschowitz.

Gehört gleichfalls dem Reichsgrafen Stephan
Olivier Wallis. Die Muttersprache der Unterthanen
ist deutsch, die Nahrung besteht im Ackerbau, der zur
mittleren Klasse zu rechnen, und wegen häufiger Anhö-
hen öfteren Ueberschwemmungen unterworfen ist. Hieher gehören:

1) Koleschowitz, Kolessowice, Dorf, und ein
schön gebautes Schloß an der karlsbadder Poststrasse von
86. N., 8 Meil. von Prag Westwärts entlegen, nebst
einem gut angelegten Thier- und Phasangarten, und
einer Poststation, von dannen doppelte Post bis Liko-
witz, und eben so viel bis Scherowitz gerechnet wird.
Im J. 1623. wurde dieses Gut dem Ladislaw Hrobčicky als einem Empörer benommen, und an Johann
Münch käuflich überlassen a). Die Pfarrkirche unter
dem Tit. der heil. Ap. Peter und Paul, und Patronatsrechte des Besitzers, die schon 1384. mit einem eigenen
Seelsorger versehen war b), wurde in spätern Zeiten
vom bekauer Pfarrer administrirt, und 1762. abermal
zur Pfarrkirche erhoben.

2) Geblan, ehemal Dorf und Schloß, dessen wenige Merkmale noch zu sehen sind, jetzt nur eine Schä-
ferey.

3) Woratschen, Worač, Dorf von 53. N., und
eine Pfarrkirche unter dem Tit. des heil. Ap. Jakob,
und Patronatsrechte des Inhabers.

4) Dereysen, von 22. N.

5) Ho-

a) MS.
d) LL. Freft.

5) Horosedl, Hresedl, Dorf von 41. N., mit einer Kirche die dem heil. Laurenz geweiht ist, und im J. 1384. ihren eigenen Pfarrer hatte c). Im J. 1549. gehörte dieses Dorf dem Hrn. Johann Missta von Žlunitz d).

6) Hermannsdorf, Hirschhof, von 23. N.

7) Hokau, Dorf 7¼ Meil. von Prag entfernet, und eine öffentliche Kapelle, die 1757. von Grafen Georg Wallis aus dem ehmaligen Schloß erbauet worden.

8) Deckau, Děkow, Dorf von 38. N., 7¼ M. von Prag entfernet, nebst einem verfallenen Schlosse, welches noch vor ungefähr zwanzig Jahren von einer verwitweten Gräfinn Götz bewohnet wurde. Im J. 1569. war der Ritter Erhard Stambach von Stambach Besitzer von Děkow e). 1680. hielt Herr Johann Lasle, Oberlieutenant des nigerellischen Regiments dieses Gut im Besitze, dann verfiel es an die Freyherren von Hildeprant, und letzlich an die Grafen von Wallis. Die hiesige Pfarrkirche unter dem Tit. des heil. Johann Täufers, und Patronatsrechte des Inhabers kömmt schon 1384. in den Errichtungsbüchern vor f), und wurde 1720 erneuert.

9) Wilkau, Wilkow.   10) Neudörfl.

Herrschaft Woleschna.

Gehört dem Anton Grafen Meraviglia Crivelli, die ihm durch Erbschaft zugefallen ist. Hieher gehören:

1) Woleschna, Wolessné, Schloß und Dorf von

L 3   38. N.,

c) LL. Erect.
d) Prag. Landtag. u. J.
e) Prager Landtag u. J.
f) LL. Erect.

38. N., liegt in tiefem Thale mit Wäldern umringet, 6 Meil. von Prag entfernet, gehörte 1599. dem Hrn. Christoph Schlowsky von Schlowiz a). Die Kirche unter dem Tit. des heil. Martin, und Patronatsrechte der Obrigkeit, war schon 1384. mit einem eigenen Pfarrer versehen b), in späteren Zeiten nach Herrndorf eingepfarret, und letzlich 1768. auf Beythun der Maria Anna Gräfinn von Meraviglia, gebohrnen Gräf. von Mollarth zu einer Pfarradminiſtratur erhoben worden. 2) Kroſchau, böhmiſches Dorf von 55. N. 3) Neuhof. 4) Wetzlau, deutſches Dorf mit einer öffentlichen Kapelle unter dem Tit. Allerheiligen, die 1384. mit einem eigenen Pfarrer beſetzt war c). 5) Swogetin, Zwogerin, deutſches Dorf von 56. N., nebſt einer dem heil. Johann von Nepomuck geweihten Kapelle. 6) Pawlkin. 7) Přilep, böhmiſche Dörfer.

Herrſchaft Kornhaus.

Dem Joſeph Joh. Reichsfürſten zu Schwarzenberg, Herzogen zu Krumau zuſtändig. Hieher gehören:
1) Kornhaus, Mſſeca), ein Schloß und Marktflecken, 4½ M. von Prag Weſt-Nordwärts entlegen. Im J. 1384. überfiel Kaiſer Wenzel IV. deſſen Beſitzer Geſzek, der von hieraus öftere Ausfälle über die vorbeyreiſenden Kaufleute wagte, nahm ihn gefangen, und ließ das Schloß zerſtören b). Im J. 1571. hielt Hr.

a) Prag. Landtag. des 1571. J. & MS.
b) LL. Erect.
c) LL. Erect.
a) LL. Erect. V. 12. K. 8.
b) Hagek & Balbin Miſc. L. 3.

Hr. Friedrich Mican von Klinstein und Rostock Kornhaus im Besitze c). Im J. 1623. mußte Heinrich
Grampach als Empörer dieses Gut der Frau Benigna
von Lobkowitz, welche funfzehntausend Gulden darauf
haften hatte, abtreten d). Die im J. 1779. von Grund
auf neu erbaute Pfarrkirche unter dem Tit. der heil. Ka-
tharine, und Patronatsrechte des Besitzers, kömmt in den
Errichtungsbüchern schon auf das Jahr 1398. vor.

2) Lodenitz, Lodenice. 3) Scherowitz, Že-
rowice. 4) Kaliwoda. 5) Dušic. 6) Pšeru-
benie. 7) Bdin. 8) Srbec, Dorf und Kirche unter
dem Tit. des heil. Ap. Jakob, die auf das Jahr 1384.
in den Errichtungsbüchern als Pfarrkirche vorkömmt.
Im J. 1558. hielt der Ritter Getřych von Reicha dieses Gut in Besitze e).

9) Milay. 10) Groß Horeschowitz, Hořessowice, nebst einer Filialkirche, die jetzt von einem
Lokalkaplan versehen wird, im J. 1384. aber mit einem Pfarrer besetzet war f). 11) Welhoten, mit
einer Privatkapelle unter dem Tit. Marienhülf.

Žerotin.

1) Žerotin, ein Dorf 5¼ Meil. von Prag links
an der leipziger Poststraße gelegen, ist samt den übrigen
dazu gehörigen Oertern der Fürst dietrichsteinischen
Herrschaft Libochowitz einverleibet. Von dem ehemaligen Schlosse und Stammhause der Herren von Že-

L 4   rotin,

c) Prag. Landtag.
d) MS.
e) Prag. Landtag vom J. 1558. und 2569.
f) LL. Erect.

rotin, die einen Adler in ihren Familienwappen führten a), sind nur wenige Merkmale noch vorhanden.
Dieses Schloß wurde nach Balbins-Berichte noch zu
Ende des vorigen Jahrhunderts bewohnet b). Im
J. 1388. hatten es die Herren Plichta von Zerotin c),
dann im J. 1569. Hr. Peter Chotek von Woynin,
Herr auf Zerotin und Wranay d), und letzlich Herr
Wilhelm Adalbert Daupowec im Besitze, dessen Güter Wilimow, Wranay und Zerotin im J. 1623. dem
königl. Fiskus anheim gefallen, und an den Hrn. Johann Ißenko Wratislaw käuflich überlassen worden
sind e).   Ganz nahe daran stößt das bekannte minera-
lische Bad mit einer Kirche unter dem Tit. des heil.
Blasius, davon es auch insgemein St. Blasii Gesundbrunnen genannt wird.

      2) Zikowec.

Herrschaft Taußetin.

     Gehört dem Joseph Johann Reichsfürsten zu
Schwarzenberg. Hieher sind einverleibet:

     1) Taußetin, Schloß und Dorf von 26. N., an
der leipziger Straße, 6 Meil. von Prag. Im J. 1553.
hielt selbes im Besitze Johann von Waldstein a). Im
J. 1623. Georg Friedrich Hruska, der dieses Guts
als ein Empörer verlustigt worden b).

                            2) Da-

a) Balbin. Misc. L. 3. c. 4.
b) Ibidem c. 8.
c) Paproc. de stat. Dom. p. 57.
d) Prag. Landtag. u. J.
e) MS.
a) Urkunde a Golas. Mon. T. 1.
b) MS.

2) Donin, von 37. N., gehörte 1362. dem praager Domdechant Plichta c), davon noch heut ein Theil nach Wranay gehöret.

3) Smolnitz, Smolnice, von 60. N., liegt am Bache gleiches Namens. Die hiesige Pfarrkirche unter dem Tit. des heil. Ap. Bartholomäus und Patronatsrechte des Inhabers, war schon vor dem 1368. Jahr mit einem eigenen Seelsorger versehen d).

4) Rziskow, von 66. N., gehört theils her, theils nach Patek, und Jungfrau Teinitz.

5) Neudorf, von 21. N. 6) Wltschen, Wl.

Majoratsherrschaft Smetschna.

Die Herren Borita von Martinitz hatten schon mehr dann dreyhundert Jahre diese Herrschaft im Besitze, letztlich aber 1773. hat Franz Karl Reichsgraf von Martinitz dieselbe von seinem Oheim Michael von Martinitz ererbet. Sie hält drey Meilen in der Länge, und gegen anderthalb Meile in der größten Breite. Hieher gehören:

1) Smetschna, Smecino, ein ansehnliches, mit tiefen Graben umringet, und mit einer Kapelle unter dem Tit. der heil. Anna versehenes Schloß, nebst einem Thier- und Phasangarten, liegt auf einer angenehmen Anhöhe 3¼ Meil. von Prag und eine Stunde von Schlan entfernet. Im J. 1649. starb hier Jaroslaw Borita von Martinitz, welcher der erste aus dem böhmischen Adel mit dem Hrn. Wilhelmen Slawata von Kaiser Ferdinand dem zweyten in Grafsene

L 5

c) LL. Erect. V, 1, O. 3.
d) LI. Erect.

fenstand erhoben worden, und eilf Jahre lang die
Stelle eines Oberstburggrafen, die noch zu jenen Zeiten den Titel eines Vicekönigs führten, bekleidet hatte a). Die Dechantkirche unter dem Tit. der heil. Dreyeinigkeit, und Patronatsrechte des Besitzers, kömmt schon
1384. in den Errichtungsbüchern als Pfarrkirche vor.
Zu Anfang des siebenzehnten Jahrhunderts kam hier zur
Welt der gelehrte Jesuit Georg Franz, der sich durch
seine Gedichte vielen Ruhm erworben hatte b). Nächst
an diesem Schlosse liegt:

2) Muncifay, offene Stadt von 96. N., ehedem
ein Dorf Unter=Smerschna genannt. Johann von
Martinitz änderte diesen Namen, und wirkte demselben manche Freyheitsbriefe aus vom König Wladislaw
dem zweyten. Kaiser Rudolph der zweyte versetzte
Munzifay in die Zahl der Städte, verließ derselben
alle Privilegien, deren die Stadt Schlan genießt, und
erlaubte ihr zwey Löwen mit goldenen Kronen, die in der
Mitte zwey Seeblumen halten, im Wappen zu führen c).

3) Alt Hradečna. 4) Neu Hradečna. 5) Martinitz, Meyerhof, ehedem Schloß, dessen Spuren noch
zu sehen sind, und Stammort der gräflichen Familie von
Martinitz. 6) Ledetz.

7) Weiß Augezd, Augezdec bjlý, Meyerhof,
und ein altes Schlößel, wurde mit dem Namen Sternberg belegt von der jetzigen Genußnützerinn Josepha
Gräfinn Martinitz, gebohrnen Gräfinn von Sternberg.
Im J. 1540. hielt es Hr. Wenzel von Donin im

Be-

a) Hist. S. I. P. 4.
b) Boëm. D. P. 2.
c) Archiv. Oppid.

Besitze d). 1610. Verkaufte Friedrich Burggraf von Dohna oder Donin dieses Gut samt Prelitz und Pelschow oder Plchow an den Hrn. Jaroslaw Borita von Martinitz, Herrn auf Smecna und Wokor e).

8) Prelitz, Dorf und Kirche unter dem Tit. der heil. Ap. Peter und Paul.

9) Malkowitz, Malikwice, Dorf und öffentliche Kapelle Allerheiligen, die 1384. mit einem eigenen Pfarrer versehen war f).

10) Czanowitz. Hier nimmt der Rothebach seinen Ursprung, eilet gegen Schlan, nimmt vor Welwarn einen unbenannten Bach auf, und fällt unter Wepsek in die Moldau.

11) Rsissut, Dorf und öffentliche Kapelle unter dem Tit. des heil. Ap. Jakob, die 1384. von einem eigenen Pfarrer administriret wurde g). Ein viertel Stund von dannen sind noch Merkmale jenes Schlosses zu sehen, welches 1434. Aleß von Sternberg nach der großen Niederlage der Taboriten bey Hrib belagert hatte, und unverrichteter Sache wieder abziehen mußte h).

12) Studniowes, Studlnowes, Dorf mit einem Steinkohlen-Bruche.

13) Bißen. 14) Turan, nebst einer schönen Kirche unter dem Tit der sel. Jungfrau Mariä; sie war 1384. mit einem eigenen Pfarrer versehen i).

14)

d) Boëm. D. P. 2.
e) Acta Boëm.
f) LL. Erect.
g) LL. Erect.
h) Bartoss.
i) LL. Erect.

14) Gebomélitz. 15) Lotausch oder Sand-
dorf, kleines Dörfchen, liegt am Fuße des sogenannten
Sandbergs, der sich allmählig durch Regen und Schnee
in kleinen Sand auflöset, bey entstehenden Wind die
umliegenden Felder und Strassen häufig damit bedecket, und selbst dem Dorfe nach der Zeit mit einem gänzlichen Verschütten drohet.

16) Libowitz. 17) Groß Kwitz. 18) Klein Kwitz.
19) Neudorf. 20) Hrdliw. 21) Zelenitz, Zelunice, Dorf
und Kirche unter dem Tit. des heil. Ap. Jakob; gehörte ehedem dem Fräulenkloster bey St. Georg zu
Prag, wurde aber 1305. vom Könige Wenzel den
zweyten samt Knowis der Stadt Schlan zugeeignet,
und dem bemeldten Kloster Welenic und Podmok bey
Podiebrad dafür gegeben k).

22) Gemnik.

23) Pcher, ein Dorf links an der schlaner Strasse,
3 Meil. von Prag entlegen, und Pfarrkirche unter dem
Tit. der Erfindung des heil. Stephan M., und Patronatsrechte des Besitzers, welche schon 1384. mit einem
eigenen Pfarrer versehen war l).

24) Wumen oder Wuwno. 25) Trebecho-
witz. 26) Winaritz am Fuße eines hohen Berges
von gleichem Namen. 27) Tuhan, Meyerhof. 28)
Swinarow.

29) Liboschin, Dorf und Kirche unter dem Tit.
des heil. Georg, ehemal Stadt, davon noch einige
Merkmale in der Nähe anzutreffen sind, welche nach

Kos-

k) Hammerschmid Hist. Monast. S. Georg.
l) LL. Erect.

Kofmas Zeugniß m) Libuscha angelegt, und sich daselbst mit ihren Gemahl bis zur Erbauung der Stadt Prag aufgehalten hat.

30) Katschih, Kačice, Dorf am Bache gleiches Namens, welcher nicht weit von dannen aus mehreren Teichen seinen Ursprung nimmt, bey Scherowitz, und Drużec unter dem Namen karschitzer Bach seinen Lauf gegen Mittag richtet, bey Lobenitz im berauner Kreise den Namen von diesem Dorf annimmt, und endlich unter Hostin in die Beraun fällt.

31) Ejelechowitz. 32) Honitz, Hofnic. 33) Reinholz, Rinholec. 34) Stochow, Stachow, ehedem Rittersitz und Stammort der Herren von Stochowa n), jetzt ein Dorf und Kirche unter dem Tit. des heil. Wenzel, die auf das 1351. Jahr als Pfarrkirche vorkömmt o).

35) Tuchlowitz, Dorf und Kirche unter dem Tit. des heil. Gallus.

36) Sro, Srby. 37) Scherowitz, Zehrowic, Dorf an der karlsbaader Poststrasse mit einer Poststation; von dannen wird eine Post bis Strcdoklut und doppelte bis Boleschowitz gerechnet. 38) Doges oder Doxa.

39) Drużec, Dorf, 3 Meil. von Prag entlegen, und Pfarrkirche unter dem Tit. der sel. Jungfrau Mariä, und Patronatsrechte des Inhabers. Sie kömmt

m) Cofmas L. 1.
n) Gelaf. Hift. T. 3.
o) LL. Erect. V. 1. S. 3.

kömmt in den Errichtungsbüchern schon im 1384. Jahr als Pfarrkirche vor.

40) Schillin, Žlin, Žilina. Kaiser Ferdinand I. schenkte dieses Dorf dem Johann Borita von Martinitz, welches 1537. auf dem prager Landtage von den Landesständen bewilliget worden.. 41) Hwéjda. 42) Drnek. 43) Neubrunn. 44) Ober Wezdiekau. 45) Unter Wezdiekau auf der Landkarte unter dem Namen Wesik angemerkt, gehören theils nach Bürglitz, theils nach Smecna.

Majoratsherrschaft Schlan.

Dem Reichsgrafen Franz Karl von Martinitz zuständig. Hieher gehören :

1) Schlan, Slany, Slana, ehedem königliche Kreis - jetzt aber unterthänige Municipalstadt, mit drey Thören, einem Graben und Mauern umringet, liegt am rothen Bache, und an der leipziger Poststrasse, 3 ¼ Meilen von Prag entfernet. Sie ist im Jahr 1784. mit einer Poststation versehen worden, von dannen anderthalb Post bis Stredokluk, eben so viel bis Budin, und doppelte Post bis Lann gerechnet wird. Vor Zeiten wurde der ganze herumliegende Bezirk von dieser Stadt Slansko genannt. Man zählet hier 494 Häuser, die meistens auf zwey auch drey Stockwerke von Stein gebauet sind. Der größte Theil der Bürger beschäftiget sich mit Verfertigung guter Strümpfe und Tücher, der übrige ernähret sich von Ackerbau und anderen Handthierungen. Diese Stadt führte

ehe-

ehemal im Wappen einen böhmischen Löwen in rothem
Felde, an der Seite einen Bergknappen mit einer
Kuffe Salz in der Hand, und oben eine Kopfzierde in
Gestalt eines Helms mit rothen und gelben Federn,
und sieben Sternen gezieret. Die böhmische Sprache
ist hier herrschend, obgleich die meisten Bürger auch
der Deutschen kündig sind.

Den Anlaß zur Erbauung dieser Stadt nach dem
Berichte Hageks gab 750. unter Herzog Nezamisl die
Entdeckung einer Salzquelle, die am Fuße des sogenannten Salzbergs am prager Thor hervorbrach a);
alsbald versammelten sich viele Menschen hier, baueten
Wohnstädte, und beschäftigten sich mit Salzsieden, an
welchem die Böhmen bisher einen großen Mangel litten,
und dasselbe von dobrá Sul oder Halle holen mußten b).
Die glückliche Aufnahme dieses Werks brachte ihnen bald
großen Neid und Haß bey den Saatzern zuwegen; diese überfielen zu wiederholtenmalen die hiesigen Salzsie-
der, verhaueten die reichliche Quelle, und vereitelten
ihre ganze Bemühung. Solches bewog viele der hiesigen Einwohner nach Bilin zu ziehen, wo man vor
kurzer Zeit einen viel bessern Salzbrunnen entdecket hat,
die zurückgebliebenen aber verlegten sich auf den Ackerbau und Bierbräuen, wodurch ihr Vermögen ansehnlich
und die Stadt immer volkreicher geworden. Die hiesige Salzquelle beschrieb gründlich 1607. ein fleißiger
Naturforscher Theobald Zacharias. Die Einwohner
be-

---

a) Hagek.
b) Balbin Misc. D. 1. L. 1.

bedienen sich noch heut zu Tage dieses Wassers zum Ko-
chen, um das Salz einigermassen zu ersparen.

Die Bürger sahen nun dem blühenden Stand
ihrer Habschaft mit Freuden entgegen, unterließen auch
nicht den mit Armuth bedrängten Hülfe zu leisten, und
baueten ein Armenhaus außer der Stadt, welches durch
großmüthige Beysteuer vieler Gutthäter unterstützet,
und nach der Zeit zu der St. Laurenzkirche in die
Stadt übertragen wurde. Im J. 1359. erlegte Katharina Michkons Tochter dem Probste Theodorik benediktiner Ordens funfzig Schock prager Gr. zur Erkaufung gewisser Felder und Wiesen im Dorfe Tuklek
für das gesagte Armenstift c). So günstig als die
bisherigen Jahre für die Stadt Schlan waren, so
schröcklich waren die folgenden: Im J. 1370. entstand
hier am St. Pankraz-Tage eine sehr große Feuersbrunst,
wodurch die ganze Stadt in wenigen Stunden in Asche
gelegt, und mehr dann zwey tausend Menschen, die
aus Prag und anderen Städten zur Messe angekommen
sind, theils von Flammen aufgezehret, theils im Thore, da sich alles in größter Eile aus der Stadt flüchtete, todtgedrücket worden d). Im J. 1425. lagerten
sich die Waisen und Taboriten unter Anführung der
Hrn. Rohač, Johann Bzdinka, und Bohuslaw von
Schwamberg vor die Stadt, und eroberten selbe
am grünen Donnerstag nach zwölftägiger Belagerung,
ungeachtet der tapfere Gegenwehre des Hrn. Hinko
von Kolstein. Die Feinde überfielen mit größter Wuth
das

c) Urkunde a Gelaſ. Mon. Tom. z.
d) Heneſſ. & Pulkava.

das benediktiner Kloster, zerstörten die prächtige St.
Gothardskirche, plünderten alles rein aus, und legten
die Stadt in Brand; der Magistrat, die Bürger, und
die Priester wurden theils durchs Schwert, theils durchs
Feuer auf das grausamste gemißhandelt e). Kaum
fieng die Bürgerschaft an sich von diesem Unglücke ein
wenig zu erholen, und ihre Häuser aus dem Schutte wieder hervorzubringen, als sie abermal ein trauriges Schicksal 1511. mit heftigen Erdstößen bedrohet f), und 1551.
ein weit um sich greifendes Feuer in die mißlichsten
Umstände versetzet hatte. Bis jetzt schien nur das Verhängniß allein wider die Einwohner dieser Stadt ge-
stritten zu haben, von nun an aber wirkten die Bürger an ihrem Verfall selbst mit. Sie fielen von der
Lehre der katholischen Religion ab, wurden ihrem rechtmäßigen Könige untreu, und fochten eifrigst für Friedrichen aus der Pfalz, wodurch sie sich solche Ungnade Kaiser Ferdinand des zweyten zugezogen haben,
daß ihre Stadt nach der Schlacht am weißen Berge
aller Privilegien verlustigt, und zum königl. Fiskus eingezogen, dann 1623. an Jaroslaw von Martiniß
pfandweis, endlich aber 1638. von Kaif. Ferdinand
dem dritten samt allen dazu gehörigen Dörfern und Ge-
rechtsamen an denselben Grafen um 283000 Schock
Meiß. abgetreten wurde g). Bernard Graf von Martiniß

trach-

e) Bartoss. & Coht. Pulkavae.

f) Paproc.

g) MS. und Empfindungen eines Schlaners von Johann
Zinner Wienn 1772. Kauffontrakt und Landtafel
in Leibfarben Quatern unter dem Buchstaben J. 22.

Erster Theil. M

trachtete auf alle mögliche Art dieser Stadt wieder aufzuhelfen, sprach sie los von dem schuldigen Frohndienste,
gegen Erlegung 200 Schock Meiß. jährlichen Zinses,
bauete 1655. ein Kloster und Kirche unter dem Tit.
der heil. Dreyeinigkeit für die Franziskaner, und dann
1658. ein Gymnasium, welches 1780. in eine Haupt-
normalschule verwandelt worden, nebst einer Kirche
unter dem Tit. Marien Vermählung für die Priester
der frommen Schulen.   Die Dechantkirche unter dem
Tit. des heil. Gothards, und Patronatsrechte der Obrigkeit, ehedem eine Probstey Benediktinerordens, wurde 1782. nach dem heutigen Geschmack erneuert. Im J.
1420. kam der päbstl. Legat Kardinal Dominik, den der
Pabst Martin nach Böhmen beordert hatte, dem Fortgang der hussitischen Lehre Einhalt zu thun, nach Schlan,
und ließ hier einen Bürger, und den Pfarrer, der das heil.
Abendmahl unter beyden Gestalten reichte, lebendig ver-
brennen h).   Die Kirche bey vierzehn Nothhelfern ist
gegen das Jahr 1770. von Grund auf errichtet worden.
Dieser Stadt haben wir zu verdanken den Joh. Pithopäus,
Paul Samuelides i), und Joh. Slansky k), die sich durch
ihre Gelehrsamkeit bey der Nachwelt schätzbar machten.

2) Wotrub.   3) Trpomech, Dorf und Meyerhof; in der Nähe wird gute Porcellainerde gegraben,
die auch außer Land verführet wird.

4) Neprobiliß, ehemaliger Rittersitz der Herren
Piripesky, jetzt ein Dorf von 26. N. und Meyerhof,
                                                       wel-

h) Pelzels H.
i) Boëm. D. P. 2.
k) MS.

welcher an dem Ort des ehemaligen Schloſſes erbauet worden. Die Kirche unter dem Tit. des heil. Geiſtes war 1384. mit einem eigenen Seelſorger verſehen 1), jetzt wird ſelbe vom kwilitzer Pfarrer adminiſtriret.

5) Kwilitz, oder bey drey Glocken an der leipziger Straſſe in einem Thale, 4 $\frac{1}{2}$ Meil. von Prag gelegenes Dorf, und eine uralte Pfarrkirche unter dem Tit. des heil. Veit M. und Patronatsrechte der ſmecner Obrigkeit.

6) Drinow, Drenow, Dorf von 44. N., davon ein Bauer nach Raudnitz gehörig, ehemaliger Ritterſitz der Herren von Poplufky; der letzte aus dieſer Familie ſchenkte kraft ſeines letzten Willens den größten Theil ſeiner Felder den Unterthanen. Die hieſige Kirche unter dem Tit. des heil. Lukas war 1384. mit einem eigenen Pfarrer beſetzet m).

7) Wrbican. 8) Witow, Wdow, am Fuße des Berge Widowle.

9) Lunkow, in einer angenehmen Lage, hat einen guten Ackerboden, ſchöne Obſtgärten, doch leider! iſt daſſelbe öfteren Wetterſchaden ſehr unterworfen.

10) Hobſchowitz, von 30. N., davon ein Hof dem Dechant zu Schlan gehörig, nebſt einer Kirche unter dem Tit. des heil. Wenzel, die 1384. in den Errichtungsbüchern als Pfarrkirche vorkömmt.

11) Skur, Wſkur, gehört theils her, theils nach Slonitz, die Kirche unter dem Tit. des heil. Ap. Bartholomäus war 1384. mit einem eigenen Pfarrer verſehen n).

M 2   12)

1·) LL. Erect.
m) LL. Erect.
n) LL. Erect. -

12) Drnow, von 25 N.   13) Mrabowna, nebſt einem Jägerhauſe.

14) Blahotiß, Dorf nebſt einer Walkmühle für die ſchlaner Tuchmacher, am Rotenbach gelegen ; gehörte 1614. dem Hrn. Wodolan Peripeſky von Chiſch und Egerberg m).

15) Wowcar, Owcar, nebſt einer uralten Kirche unter dem Tit. des heil. Wenzel.

16) Hay, Hammelhof.   17) Kutrowiß, von 23 N., davon ein Schenkhaus nach Wrannay gehöret.

Lidiß.

Freyes Schooßgut dem Hrn. Derbkowſky zuſtändig, nebſt einer Filialkirche dem heil. Apoſt. Jakob geweihet, die 1384. mit einem eigenen Pfarrer beſetzet war e) ; wird ſonſt Groß Lidiz zum Unterſchiede von dem Klein Lidiz bey Hoſtaun, genannt.

Allodial = Herrſchaft Zlonitz.

Gehört dem Generalfeldzeugmeiſter Franz Ulrich Reichsfürſten Binſky von Chiniz und Tettau, die ihm ſein Bruder Graf Johann Joſeph 1781. nebſt Budenitz käuflich abtrat. Sie hält zwey Meilen in der Breite, und drey in der Länge. Der Ackerboden iſt von mittlerer Klaſſe, hier und dort bricht auch ein guter Bau = und Kalkſtein. Hieher gehören folgende Dörfer : 1) Zlo=

m) Prag. Landtag. P. 1571.
e) LL. Erect.

1) Zloniz, Zlonice, ehemaliges Dorf wurde 1705. von Kaiſ. Joſeph dem erſten auf das Anſuchen des Hrn. Wenzel Johann Walkaun Ritter von Adlar zu einem Marktflecken erhoben a). Von dieſen Rittern, welche Zloniz über dreyhundert Jahre in Beſitze hielten, kam ſolches an die gräfliche Kolowratiſche, und dann auf die jetzt regierende Familie. Liegt in einer angenehmen, mit einem Phaſan = und fruchtbaren Obſtgärten verſehenen Fläche, an einem unbenannten Bache, 4 Meilen von Prag, und eine von Schlan Nordwärts entfernet. Führet im Wappen einen ſchwarzen Adler mit königlicher Krone im halb ſilbernen und halb ſchwarzen Felde. Zählet 62 Häuſer. Kaiſer Karl IV. kaufte noch als Markgraf Zloniz Ottonen einem prager Bürger ab, und ſchenkte ſolches den Manſiondren zu Prag b), davon ſelbe 1371. zwey Höfe an die Frau Anna von Kochowa käuflich abgetreten haben c). Das uralte, ehemals feſte Schloß wurde nach Hagets-Berichte 856. von den Saatzern zerſtört, und der Graben verſchüttet d). Nach der Zeit ſollen die Herren von Schlaf daſſelbe wieder hergeſtellet, und mit ihrem Familiennamen beleget haben.

Die Pfarrkirche unter dem Tit. Marien Himmelfahrt, und Patronatsrechte des Inhabers, kömmt in den Errichtungsbüchern ſchon im J. 1384. vor. Sie wurde von dem Graf Philipp Kinſky 1738. ſamt

M 3 dem

---

a) Ex Archivo Oppidi, und prag. Landtag von 1615.
b) Urkunde. a. Gelaſ. Mon. T. 3.
c) Urkunde. a. Gelaſ. ibidem.
d) Hagek.

dem Pfarrhaus von Grund auf neu, und dergestalt prächtig aufgeführet, daß sich die Summe des geschehenen Geldaufwandes für die Kirche auf 35472. Fl. für das Pfarrhaus auf 12000. Fl. beloffen hat. Diese Kirche hat ihr eigenes Gut, welches aus folgenden Dörfern, die Hr. von Walkaun derselben geschenket hat, und einem Meyerhofe besteht.

Chryn, Chyryn, nahe bey Welwarn an der lausnitzer Straße, 3¼ Meilen von Prag gelegen, nebst einer Pfarrkirche, die auf einem hohen Berg Ché erbauet ist, und 1384. in den Errichtungsbüchern vorkömmt, unter dem Tit. des heil. Klemens M., und Patronatsrechte der zlonitzer Obrigkeit. Im Jahr 1292. schenkte König Wenzel der zweyte die Helfte dieses Dorfes dem prager Bischof Tobias e). Uha mit einem 1772. neu erbauten Meyerhofe, der 23000. Fl. gekostet hat.

2) Tmein (Tmanic) von 35 N.

3) Krowitz, Meyerhof, diese zwey Dörfer gehörten ehedem dem Hrn. Adam Christoph Vozina von Ausch, fielen nach der Schlacht am weißen Berg dem königlichen Fiskus zu, wurden aber 1623. dem Hrn. Bohuslaw Walkaun von Adlar käuflich überlassen f).

4) Berowitz.   5) Bakow.   6) Zelewcic.
7) Dolin, nebst einer Kirche unter dem Tit. der heil. Apost. Simon und Judas, welche gegen Mitte des vierzehnten Jahrhunderts errichtet worden g).

8) Žiž

e) Ex Archiv. Capit. Prag. Bergh. in Protum.
f) MS.
g) J.L. Frest. V. 12. C. 4.

8) Žižiš, Scyssic, gehört theils her, theils den Benediktinern nach Brewniow.

9) Woslochow. 10) Drckkow, nebst einer öffentlichen Kapelle unter dem Tit. des heil. Adalbert, die 1766. von der Gemeinde erbauet worden, und einem Kalkbruche.

10) Stradoniß, gehört theils her, theils nach Wranay. Gehörte ehedem den Rittern von Bekule, die drey Anker in ihrem Wappen führten; der leßte aus diesem Geschlecht wurde 1565. zu Klein Paleč begraben.

11) Klein Paleč, nebst einer Kirche unter dem Tit. Marien Heimsuchung, welche 1384. mit einem eigenen Pfarrer beseßet war h), und 1778. ganz neu gebauet wurde.

12) Klein Horeschowiß, Hořessowice. 13) Wischinka. 14) Audeschiß, Meyerhof. 15) Kameniß. 16) Budeniß, Budynic, Budenice, ein kleines Dorf und Schloß, Stammort der Hrn. von Budiniz i), 4¼ Meil. von Prag, und ¾ Meil. von Zlonitz Nordwärts entfernet. Zu Anfang des siebzehnten Jahrhunderts war Adam Daniel Hrobčicky Besißer davon, nach der Schlacht am weißen Berg aber fiel Budeniß dem königl. Fiskus zu, und wurde 1623. an den Hrn. Adam von Waldstein käuflich überlassen k). Diesem folgten im Besiße dieses Orts die Freyherren von Dauer, die Freyh. Hartmann von Klarstein, die Grafen von Martiniß, und leßtlich der Graf Philipp

M 4 Zinsky,

h) LL. Erect.
i) Hagck.
k) MS.

Binßky, welcher alſobald 1748. nach geſchloſſenem Kaufkontrakte, das von den Martinißen neu angelegte
Schloß fortgeſetzet, und den Grund zur künftigen Verherrlichung dieſes Orts geleget hat; deſſen Sohn Johann Joſeph ſtellte endlich 1758. das Schloß in ſeiner ganzen Vollkommenheit her, zierte den Speiſſaal
mit überaus ſchönen Familien-Portraiten, ließ 1765.
die Ueberbleibſel des alten, ehemal mit tiefen Graben
und einer Hebbrücke befeſtigten Schloſſes gänzlich abtragen, legte an deſſen Stelle einen, der auserlöſenen,
und ungemein großen Früchte wegen beſonders merkwürdigen Obſtgarten an, wie auch einen niedlichen
Zier-Kuchel-und Phaſangarten, führte eine Allee
gegen Aufgang, die andere gegen Niedergang, und die
dritte gegen Mittag bis Zloniß, die er mit wilden Ka-
ſtanien, und Nußbäumen beſetzen ließ, und ſchuf auf
ſolche Weiſe dieſe ehemal rauhe, in eine der ange-
nehmſten Gegenden um. Eine viertel Stunde von
Budeniß gegen Mittag ſteht eine öffentliche Kapelle
unter dem Tit. des heil. Iſidor, und Patronatsrechte
der Obrigkeit, die 1680. von Andreas Hartmann,
Freyh. von Klarſtein von Grund auf erbauet, 1682.
von Jaroſlaw Franz Grafen von Sternberg konſekriret, und 1714. durch Anton Graf von Martiniß,
mit einem ſundirten Kapellan verſehen worden iſt.

17) Jarpiß, von 41 N. 18) Poſchtowiß, von
33 N. 19) Schlapaniß, von 22 N.

20) Breſſtian. 21) Bilichow oder Welechow,
welches nach der Schlacht am weißen Berge von ehemaligen Beſitzer Bernard Elſnitzer an den Herrn
Bohus

Bohuchwal Walkaun von Adlar käuflich abgetreten worden 1).

22) Neuhof, Meyerhof.　23) Kraucow, liegt nahe bey Mutégowic an dem schwarzer Wälde.

Allodial=Herrschaft Hosposin.

Gehört gleichfalls dem Generalfeldzeugmeister Franz Ulrich Reichsfürsten von Kinsky. Hieher sind einverleibet :

1) Hosposin, Hospozy, ein altes Schloß und Dorf von 48 N., 4 Meil. von Prag links an der budiner Poststrasse. Gehörte zu Ende des sechzehnten Jahrhunderts dem Hrn. Hrobčicky von Robčic, dann kam selbes an den Grafen Philipp Klary, und endlich auf die jetzt regierende Familie. In der hiesigen Filial-kirche unter dem Tit. der Enthauptung des heil. Johann Täufers, die 1384. mit einem eigenen Pfarrer versehen war a), findet man folgende Grabsteine der ehemaligen Besitzer :

Leta Pané 1599. dne 8 M. Křigna Drož. Pan Jan Starssy Hrobčicky z Robčice a na Hospo-ziné, žiwot swůg dokonal ꝛc.

Leta Pané LXXXVIII. w Pondělí Masopuss-tnj Vmrzela Drozena Panj Bentgna Hrobčička, Man-želka Drož. P. Jana Robčickyho z Robčice na Bude-nickach a Hospoziné ꝛc.

M 5　　　　　Leta

1) MS.
a) LL. Frect.

Leta Pane 1598. dne 27. M. Srpna Vmrel
Adam Syn Droz. P. Jana Hrobčickýho z Robčice.

Leta Pane 1601. w Sobotu po S. Stanisła:
wu, Vmŕela Anna Dcera Droz. P. Racka Hrobči:
ckýho z Robčice.

2) Bergſchenk, oder klaryſches Wirthshaus,
ein Dörfchen und Meyerhof, nebſt einer öffentlichen
Kapelle unter dem Tit. des heil. Johann von Nepo:
muck, welche 1711. Anna Polixena verwitwete Gräfinn von Klary und Aldringen, gebohrne Gräfinn
des Fours erbauet hatte.

3) Podol. 4) Wrbitz, von 31 N. 5) Martinowes, ein ſchönes Schloß und Dorf von 33. N.,
an der bubiner Poſtſtraſſe, 4 ½ Meile von Prag entlegen, gehörte gegen Mitte des vierzehnten Jahrhunderts dem Zdiſlaw Sternberg Probſten an der Domkirche zu Prag eigenthümlich zu. Dieſer ſtiftete in der
prager Schloßkirche den St. Marten Altar, nebſt
einem Prieſter, und widmete dieſes Dorf zur gemeldten
Stiftung b).

6) Pohořitz, von 41 N., gehörte vor uralten
Zeiten dem Frauenkloſter bey St. Georg zu Prag.
Noch ſind hier einige Felder unter dem Namen panen-
ſký Přicky bekannt, deren Beſitzer eine jährliche Zin-
ſung dem obgemeldten Kloſter entrichten mußte.

7) Miſcheno, Dorf von 49 N., 4 ¾ Meil. von
Prag entfernet, nebſt einem uralten Schloße, welches
die Hrn. von Hafenburg, wie es aus dem Wappen
oder dem Schloßthore zu erſehen iſt, gebauet, und bewohnet haben. 8) Char-

b) Bergh. in Protom.

8) Charwatetz, ehemal ein weitschichtiges, wie solches noch die alten häufig aus der Erde hervorragenden Mauern, und verfallene Keller anzeigen, jetzt aber nur ein kleines Dorf mit einer Pfarrkirche unter dem Tit. Marien Himmelfahrt, und Patronatsrechte des Besitzers. Diese Kirche kann nicht nur nach dem Zeugniß der Errichtungsbücher, und des Bohuslaw Balbin c), sondern auch aus der Inschrift einer auf hiesigem Glockenthurm hangenden Glocke selbst unstreitig für eine der ältesten in Böhmen angesehen werden, sie besteht in diesen Worten: Anno Domini M. in Nomine Domini Iesu Christi ad honorem summae Trinitati et individuae Unitati hoc opus peractum est. Auf der zweyten Linie folget: Et Millesimo quingentesimo quarto Ioannes Cantarista fecit, et est consummatum feria quarta post festum sanctae Catharinae virginis. Wenn die Anlegung dieses Dorfes in das siebente Jahrhundert zu versetzen ist, wie uns Hagek berichtet, so wird unfehlbar das Dorf Rabus nicht zwischen Laun und Brür, sondern eine Viertelstunde von hier zu Martinowes aufzusuchen seyn, wo noch heutiges Tages ein Wirthshaus unter dem Namen Rabusch anzutreffen ist.

9) Groß Radoschln, von 44 N. 10) Klein Radoschin.

Herrschaft Wranay.

Gehört dem prager Domkapitel, derselben sind einverleibet:

1) Wra-

c) Misc. L. 3.

1) Wranay, Wrani, Wrana, ein Flecken von 117. N., 5 Meil. von Prag entlegen, nebſt einer 1759. von Grund auf neu erbaueten Pfarrkirche, unter dem Tit. des heil. Johann Täufers, und Patronatsrechte der Obrigkeit, die ſchon 1384. als Pfarrkirche in den Errichtungsbüchern vorkömmt. Die jetzigen Beſitzer haben dieſes Gut von den Hrn. Woraćicky käuflich an ſich gebracht. Nach geendigtem Bau der Kirche wurde der Grundſtein zu einem neuen Schloſſe geleget, welches aber noch nicht zu Stande gekommen iſt. Das Stadtwappen beſteht aus zwey Thürnen, zwiſchen welchen zwey Schweinsköpfe, und zwey Haſen vorkommen. In der Kirche trift man eine von Bronz 1571. verfertigte Tafel ſamt der Grabſchrift des Ritters Peter Chorek vou Wognin, letzt verſtorbenen Sproſſen aus dieſer Familie, wie auch deſſen Eltern Bohuſlaws Chorek und Elſſka von Daupowa, und Ururgroßeltern Heinrichs Chorek, und Johannen gebohrnen Gotz von Kolowrat a).

2) Lukow, nebſt einer Kirche unter dem Tit. des heil. Georg VII., welche 1388. in den Errichtungsbüchern vorkömmt.

3) Groß Paleč, Dorf und Kirche unter dem Tit. Marien Geburt, welche 1384. mit einem eigenen Seelſorger beſetzet war b). Dieſes Dorf gehörte ſamt Audrſchitz vor der Schlacht am weißen Berg dem Hrn. Georg Hrobčicky, 1623. fiel ſelbes dem k.

Fiſc

a) S. die übrigen Beſitzer von Wranay bey dem Dorfe Zerotin.
b) LL. Erect.

Fiskus zu, und wurde alsdann an den Grafen Erneſt von Monte Cuculi käuflich abgetreten c). In der hie-ſigen Kirche ſind folgende Grabſchriften zu ſehen:

Leta 1616. w Sobotu po S. Martinu vmřel Syn ꝛc. Rytjře P. Giřika Hrobčickeho z Hrobčic, na Audeſticych, a welkým Palči Jan Waclaw ꝛc.

Leta 1609. wrozená Panj Cecylie Hrobčicka, rozena Benedtka z Nectln a na Budenicych ꝛc.

Leta 1603. vſnula w Pánu Lidmila Dcera Pa-na Racka Hrobčickyho z Hrobčice a na Budenicych ꝛc.

Leta 1606. vſnula w Pánu Zofie Dcera P. Racka Hrobčickeho.

4) Liſowitz, davon drey Bauern zur Herrſchaft Schlan gehören.

5) Kralowitz, von 35. N.

6) Plchow, von 22. N.

7) Poßden, Schloß und Dorf, 5 Meil. von Prag hinter Schlan, welches 1754. von den Grafen Klary an das prager Domkapitel käuflich gekommen iſt, nebſt einer Pfarrkirche, die ſchon 1386. d) mit einem eigenen Seelſorger verſehen, in den huſſitiſchen Unruhen deſſen beraubet, und 1718. durch milde Stif-tung des Grafen Phillipp Klary wieder mit einem Pfar-rer beſetzet wurde.

8) Rieſchitz, gehört theils hieher, theils nach Zornhaus.

9) Liſſa.

10) Weiß-

c) MS.

d) LL. Erect. V. 2. P. 4.

10) **Weißthurm,** oder **Teebis,** von 31. N., nebſt einer Kapelle unter dem Tit. des, heil. Martin B. Nuhe am Dorfe trift man wenige Ueberbleibſel eines verfallenen Thurmes an.

11) **Kobilnik,** Schloß und Dorf, 5 Meil. von Prag, gehörte ſamt Radeſchin vor der Schlacht am weißen Berg dem Hrn. Bernard Elſnitz c).

12) **Klobuk,** Schloß und Dorf, 5½ Meil. von Prag, nebſt einer Kirche unter dem Tit. des heil. Lauxrenz, die in den Errichtungsbüchern 1384. als Pfarrxkirche vorkömmt, und 1408., wo ein Vergleich zwiſchen dem hieſigen Pfarrer, und dem Kloſter zu Raudxnitz geſchloſſen wurde f).

13) **Kokowitz.** 14) **Jeßowitz, Jeſowkcc, Dorf,** davon ein Anſäßiger nach Budin gehöret, nebſt einer öffentlichen Kapelle unter dem Tit. der heil. Barbara, und Patronatsrechte der budiner Obrigkeit; ſie wird von einem Lokalkaplan adminiſtriret.

K. K. Kammeralherrſchaft Jungfrau Teiniß.

Gehörte ehedem dem Frauenkloſter bey St. Agnes zu Prag, nach Aufhebung dieſes Kloſters 1782. fiel ſelbe der kön. Kammer zu. Hieher gehören :

1) **Jungfrau Teiniß, Panenſtey** oder **Zernow Teynec,** ein Marktflecken, 5½ Meil. von Prag an der

neu

e) MS.
f) LL. Erect. V. 8. C. 7.

neu angelegten leipziger Straſſe, von 64. N. Zu Anfang des vierzehnten Jahrhunderts ſtiftete hier Plichta
von Zerotin ein Frauenkloſter unter der Regel der heil.
Klara, ſamt einer der heil. Dreyfaltigkeit geweihten
Kirche, und ſchenkte zu dieſer Stiftung das Dorf Lu-
zetin, welches aber 1443. Jaroſlaw und Johann Plichta von Zerotin Brüder, zur Zeit der Aebtiſſinn Berka
von Bladna wieder an ſich gebracht, und dafür andere Güter dieſem Kloſter angewieſen haben a). Im J.
1382. brannte daſſelbe gröſtentheils ab b), und was
die Flammen nicht verzehret hatten, wurde ein Opfer
der Wuth der Taborthen, wodurch die Nonnen genöthiget wurden nach Prag in ihr ehemaliges Stammklo-
ſter zurückzukehren. Sie wurden wieder 1636. durch
den prager Erzbiſchof Erneſt von Harrach hier eingeführet, mußten ſich aber zur Zeit des ſchwediſchen Ein-
falles neuerdings von dannen flüchten, von welcher
Zeit an dieſes Kloſter unbewohnet geblieben c). Die
Kirche unter dem Tit. des heil. Georg und Patronatsrecht des Beſitzers, welche die Zerotine vor 460 Jahren angeleget hatten, und deren Bau noch heut zu Tage nicht zu Ende gebracht worden, wird von einem
Adminiſtrator verſehen. Nahe an dieſem Marktflecken
iſt das oben bey Zerotin angeführte Geſundbaad.

2) Wrbno, am Walde von 45. N., davon die
Helfte nach Patek gehöret, hinter Jungfrau Teinitz
5¼ Meil. von Prag, nebſt einer Pfarrkirche unter dem

Tit.

a) Urkunde a Gelaſ. Mont. Tom. 4.
b) Beneſ.
c) Hammerſchmid Pr. Gl.

Tit. Marien Himmelfahrt, und Patronatsrechte der Obrigkeit, welche schon 1384. mit einem eigenen Seelsorger beseget war d). In derselben sind Grabsteine vorhanden der Hrn. von Roftock, und Kleinstein vom J. 1490. und 1500.

3) Aufig. 4) Jägerhaus, bey dem teiniger Wald.

Gut Slawětin.

Kam durch Erbschaft an den Reichsritter Johann Anton von Weinberg. Slawětin ein Marktflecken, und altes Schloß, Stammort der Hrn. von Slawětin, liegt am Fuße des Berges Bidlna, 6 Meil. von Prag. Ob jenes Wappen, welches hier an den Stadtthören zu sehen ist, und ein Herz zwischen zwey Säulen vorstellet, für ein ehemaliges Wappen dieses Marktfleckens, oder der vormaligen Besiger zu halten sey, ist für mich ein Räthsel; soviel aber läßt sich aus sicheren Urkunden erproben, daß dieser Marktflecken von den Herren Slawětinen, an den Hrn. Johann von Wargtenberg, von diesem aber 1376. an die Herren Nikolaus und Wilhelm von Hasenburg käuflich gekommen ist a). Die Pfarrkirche unter dem Tit. des heil. Ap. Jakob, und Patronatsrechte des Inhabers kömmt in den Errichtungsbüchern schon im J. 1384. als Pfarrkirche vor. Die bis fünfhundert Schritt vom Ort entfernte öffentliche Kapelle unter dem Tit. Marien Heimsuchung wurde 1662. von Katharina Papazony gebohrner Zahradka von Pruhos errichtet.

Gut

d) LL. Erect.
a) Paprocky de statu Dom.

Gut Patek.

Dem Prämonstratenser Stift am Strahof in der Stadt Prag zuständig. Gehörte 1650. einer gewissen Frau von Sternberg, welche hier, und auf dem Gut Lowositz Schafheerden von zwanzig Tausend an der Zahl verpflegte, allein eine 1654. eingefallene Viehseuche setzte dieselbe bis auf sieben Tausend herab a). Hieher gehören:

1) Patek, Schloß und Dorf von 45. N., an dem Flusse Eger.

2) Radonitz, nächst an Patek liegendes Dorf, von 28. N., nebst einer Pfarrkirche unter dem Tit. der Kreuzerhöhung, und Patronatsrechte der Obrigkeit, welche schon 1384. mit einem eigenen Pfarrer versehen war b).

3) Stradonitz, von 47. N.

4) Wolenitz von 21. N.

5) Pflanzendorf, Dřtwčí, oder Rjtwčíce.

6) Liber.

7) Bedřichowitz, von 20. N.

Herrschaft Peruß.

Gehörte 1544. dem Hrn. Johann von Waldstein a), zu Ende des sechzehnten Jahrhunderts aber den

a) Balbin. Misc. D. I. L. I.
b) LL. Erect.
a) Gelas. Mont. T, I.

Erster Theil.   N

den Hrn. von Lobkowitz. Im J. 1676. gelangte die-
ses Gut käuflich an den Hrn. Johann Dietrich von
Ledebur b); von dieser Zeit an blieb diese Familie im
Besitze desselben bis auf den jetzigen Inhaber Kaspar
Benedikt Freyherrn von Ledebur zu Wicheln und Pe-
rutz. Hieher gehören:

1) Perutz, Peruc, Schloß, welches 1763. theils
erneuert, theils von Grund auf neu gebauet worden, und
Dorf von 65. N., Stammort der Hrn. von Perutz e); liegt
zwischen Slawětin und Wranay in einer theils ebenen,
theils schiefen Gegend, 5 ½ Meil. von Prag; soll zu
Anfang des eilften Jahrhunderts Opucna geheißen haben, welcher Name endlich in Perutz (das ist Waschend)
verändert worden, nachdem Herzog Udalrich 1014.
ein Mädchen aus diesem Dorfe mit Namen Božena,
die er mit ihrem Leinengeräthe bey einem Brunnen beschäftiget erblickte, geehliget hat d). Kosmas erzählet
zwar die nämliche Geschichte e), doch ohne Benennung des eigentlichen Ortes. Ob also Hagek in Bestimmung dessen aus ächten Quellen geschöpfet habe,
überlasse ich anderer Beurtheilung. Dieser Nachricht
zufolge, legte man einem Brunnen in diesem Dorfe
den Namen Božena bey, und war auch dreist genug,
sogar die Stätte der ehemaligen Behausung dieses Mäd-
chens zu bestimmen. Die hiesige Pfarrkirche unter dem
Tit. der heil. Ap. Peter und Paul, und Patronatsrechte

b) Kauffcontrakte in Archiv.

c) LL. Erect.

d) Hagek ad An. 1007.

e) Cosmas & Gelas. Hist. T. 5. & Adauct. Münzb.
T. 1.

rechte des Besitzers, die schon 1384. mit einem eigenen
Pfarrer besetzet war f), ist 1724. ganz neu und prächtig aufgeführet worden.   Das hohe Altarblatt rührt
von dem geschickten Pinsel des Hrn. Scheff her, die
zwey Seitenaltarblätter, die an Kunst und Annehm-
lichkeit wenig dem ersten nachgeben, sind 1677. von einem gewissen Geistlichen Gerard verfertiget worden.
Ueber dieß kömmt noch folgende in Marmor gehauene
Grabschrift hier anzumerken: Leta P. 1594—Dsnul
w Pánu vrozený P. Frydrich z Lobkowic, a na Pe-
ruci w Městě Presspurku, odkudž přiwezen, a w to-
to Mjsto pochowan tehož Leta.

2) Czernochow, von 76. N., nebst einer prächtigen Kirche unter dem Tit. des heil. Wenzel, die 1384.
mit einem eigenen Seelsorger besetzet war, g) und 1779.
von Grund auf neu erbauet worden ist   Dieses Dorf
gehörte 1575. dem Kloster Ossek zu h).

3) Teletz, Telcé, Telé, von 43. N., ehemaliger
Rittersitz; die alte Kirche, welche in den Errichtungsbüchern 1384. als Pfarrkirche vorkömmt, wurde vor wenigen Jahren abgerissen, und statt derselben eine ganz neue
unter dem Tit. des heil. Niklas B. aufgeführet. 1623.
kaufte dieses Dorf Albrecht von Waldstein dem Hrn.
Adam von Kupau ab, welcher nach der Schlacht am
weißen Berg seiner Güter verlustigt worden.

4) Skala.   5) Chrastin, Meyerhof.

---

f) LL. Erect.
g) LL. Erect.
h) Urkunde a Gelas. Mont. T. 1.

Herrschaft Budyn.

Der jetzige Besitzer Johann Karl Reichsfürst von Dietrichstein zu Nikolsburg, hat selbe nach dem Tode seines Vaters im J. 1784. ererbet; sie erstrecket sich gegen zwey Meilen in der Länge, und eine in die Breite. Derselben sind einverleibet:

1) Budyn, Budjn, Budiné, Budina, eine Stadt mit Mauern, zählet samt Vorstädten, und 20 Judenhäusern, sämtlich 171. N., liegt in einer angenehmen, und am Getreid sowohl, als Wieswachs, ehemal auch an Weinbergen fruchtbarer Ebene, an dem Fluße Eger, und dresdner Poststrasse, mit einer Poststation versehen, von dannen anderthalb Post bis Schlan, und eine Post bis Lowositz gerechnet werden, 5 Meilen von Prag Nordwärts entfernet. Führet im Wappen zwey Hasen, und zwey Schweinsköpfe, welches den ehemaligen Besitzern Herren von Hasenburg eigen war. Nach Hageßens Bericht soll dieß ehemalige Dorf auf Befehl des Herzogs Hostiwit mit Graben und Mauern befestiget, mit Truppen wider Sukoslawens feindlichen Einfall stark besetzet worden seyn a), und von den Soldaten-Hütten, Baudy, den Namen Budyné bekommen haben b). Diese Stadt nahm an Volk und Reichthum allmählich dergestalt zu, daß König Wladislaw der zweyte 1173., als er seines hohen Alters wegen die Regierung von Böhmen seinem Sohne Friedrich übergab, dieselbe nebst einigen andern Oertern zu seinem
nem

a) Hagek.
b) Stransky.

nem Unterhalte vorbehalten hatte c). Nach dessen Tod gelangte Budyn pfandweis an verschiedene Herren. Unter der Regierung König Wenzels des zweyten übernahm selbe, nach dem Abtreten Bernard Bischofs zu Meißen, die Frau Gryffina von Bauder, welche mit Genehmhaltung des Königs in Entrichtung der jährlichen bürgerlichen Zinsungen solche Anstalten getroffen hat, daß ein jeder Bürger von 50 Strich Aussat, 2 Strich Korn, und eben so viel an Weißen, Gersten und Haber, nebst 6 Hünern abführen, die übrigen unbegüterten aber jährlich ein Loth Gold entrichten sollten d). Nach der Zeit ist diese Stadt, wie Paprocky meinet, in die Hände der Tempelherren gekommen, und 1312. nach Aufhebung derselben der königl. Kammer anheim gefallen. König Johann traf endlich 1336. mit dem Hrn. Johann Zbinko von Hasenburg einen Vergleich, kraft dessen er ihm das feste Schloß Zebrak für die Stadt Budyn abgetreten, und das Truchseßenamt im Königreich Böheim auf ewige Zeiten erblich mitgetheilet hatte; welches 1350. von König Karl dem IV. bestätiget worden e). Von nun an blieb das hasenburgische Geschlecht, welches sich durch ausnehmende Heldenthaten, und ihren Königen allzeit treu geleistete Dienste großen Namen erworben, den Bürgern aber, nebst vielen andern Privilegien, auch einen zollfreyen Handel nach Zittau von dem König Wenzel 1381. ausgewirket hat f), im Besitze dieses

N 3   Orts

c) Chron Silöense.
d) Urkunde a Paproc. de Urb.
e) Paproc. de Statu Dom.
f) Urkunde Paproc. de Urb.

Orts bis auf Johann den jüngern Zbinko von Hasenburg, welcher 1598. die Beherrschung dieser Stadt
übernommen, prächtige Schlösser zu Mscheno, Hosti-
nitz, Brozan, und in der hiesigen Stadt, wovon aber
jetzt nur wenige Ueberbleisel noch zu sehen sind, nebst
einem Hause zu Prag aufgeführet, und solchergestalt
sein ganzes Vermögen theils durch übertriebenen Bau,
theils durch chemisches Goldmachen durchgebracht, und
seine zwey Söhne Johann und Jaroslaw, mit welchen der hasenburgische Stamm erloschen ist, in die be-
triebtesten Umstände versetzet hat g).   Nach dessen Tod,
welcher 1616. erfolget ist, übernahm diese Herrschaft
Adam von Sternberg, Herr auf Bechin und Libochowitz h).   Die Herren von Hasenburg waren nicht
nur Gönner der Gelehrten, sondern auch Beförderer
der Wissenschaften; sie sammelten 1570. einen so zahlreichen Vorrath von auserlesenen Büchern auf ihrem
Schlosse zu Budyn, daß er nach Zeugniß des Thomas Mitis der berühmten hasensteinischen Büchersamlung gleich geschätzet wurde i).   Ob aber dieser Schatz
durch die folgenden Besitzer Sternberge, Rozmitale,
und Dietrichsteine, in andere sichere Oerter übertragen,
oder zu den Hussiten-Zeiten ein Raub der Flammen geworden sey, ist unbekannt k).   So blühend als diese
Stadt unter der Regierung der Hrn. von Hasenburg
war, eben so viel verlohr sie an der Pracht ihrer ehemaligen Häuser durch das 1759. den 15. April von
                                                    Preu-

g) Hammersch. Pr. Gl. Pr.
h) Ibidem & Berghauer in Protom.
i) Balm. doct. P. 3.
k) Ibidem.

Preußen angelegte, und abermal 1783. den 26. Febr.
durch ein unversehener Weise entstandenes Feuer, wodurch die ganze Stadt, fünf Häuser allein ausgenommen, nebst Vieh und einigen Menschen in die Asche
verleget wurde. Die Dechantkirche unter dem Tit. des
heil. Wenzel, und Patronatsrechte der Obrigkeit, kömmt
schon 1384. als Pfarrkirche vor l). Man kann zum
Ruhme der hiesigen Bürger melden, daß sie in ihrer
Glaubenslehre niemal wankelmüthig geworden, sondern
der katholischen Kirche, und ihrem Landesfürsten stets
treu verblieben sind m). Nächst an der Stadt kömmt
noch die Kirche unter dem Tit. Maria Schnee anzumerken. Im J. 1578. kam hier zur Welt der gelehrte Johann Pachäus, welcher zu Anfang des siebenzehnten Jahrhunderts die Stelle eines öffentlichen Leh-
rers an der hohen Schule zu Prag mit vielem Ruhme
bekleidet hat n).

2) Pobratek. 3) Raudnicek. 4) Brnkau,
Brnikow, 1623. kaufte Adam von Sternberg dieses
Gut dem Bernard Elsniz ab, der seiner Güter verlu-
stigt worden o).

5) Kostelez, nebst einer Kirche unter dem Tit. der
heil. Ap. Peter und Paul.

6) Zaboreff, und 7) Brežan, liegen hinter der
Insel, welche die Eger formiret, und worauf ein weitschichtiger Phasangarten angelegt ist.

N 4   3) Pist.

l) LL. Erect.
m) Paproc. de Urb.
n) Boëm. doct. P. 3.
o) MS.

8) Pist. 9) Předstawlk. 10) Wrbka.

11) Nižeboh, nebst einer Kirche unter dem Tit. des heil. Martin, die 1384. mit einem eigenen Pfarrer versehen war p).

K. K. Kammeralherrschaft Doxan.

Gehörte ehedem dem Stifte zu Doxan. Hieher gehören:

1) Doxan, Dolan, Doxana, ehemal berühmtes Frauenkloster Prämonstratenserordens, welches Herzog Wladislaw, und dessen Gemahlinn Gertrud gestiftet a), mit vielen Gütern reichlich versehen, und die ersten Nonnen von Dunewald aus dem kölner Gebiethe, unter dem Abte Erlebold her berufen haben b). Im J. 1189. vermehrte König Friedrich das von seinem Vater neu errichtete Stift mit dem Dorfe Rotwyn, und kostbarem Kirchengeräthe c). Alles dieses bestätigte König Premisl der erste 1226 d). Das Jahr dieser Stiftung wird von Nepladdo e) auf das J. 1142., von Hrn. Gelas. Dobner f) auf das 1143., und von anderen auf das 1144. J. festgesetzet. Man zählte hier bis zur Aufhebung dieses Stiftes, welche 1782. vor

sich

p) LL. Fret.
a) Gelaf. Hist. T. 6.
b) Chron. Siloën.
c) Gelaf. Hist. T. 6.
d) Iof. Mika in Hist. Doxan.
e) A Gelaf. Mon. T. 4.
f) Gelaf. Hist. Tom. 6.

sich gieng, 57 Aebte, die von Kaiser Ferdinands II.
Zeiten an zugleich die Ehrenstelle eines Prälaten im
Königreich Böheim begleitet hatten. Dieses Kloster
war vor Zizka-Zeiten sehr prächtig und reich, und er-
streckte sich bis an die St. Klemenskirche auf der Insel, wurde aber 1421. durch die Wuth der Hussiten
größtentheils zerstört, und in Brand gestecket g). In
der Stiftskirche, unter dem Tit. Marien Geburt würde man nebst der Grabschrift des prager Bischofs und
Herzogs in Böhmen Heinrich Brerislaw h) noch mehrere antreffen, die zur Aufklärung unsrer vaterländischen Geschichte vieles beytragen könnten, wenn nicht
alle Grabsteine aus Leichtsinn eines im vorigen Jahrhundert hier bestellten Probstes mit einem neuen Ziegel-
pflaster wären bedecket worden, worüber unser vater-
ländische Geschichtschreiber Balbin i) schon zu seinen
Zeiten billige Klage geäußert hat. Doxan liegt 5¼ M.
von Prag an dem Flusse Eger, Sudwärts mit angenehmen Gärten, und schattichten Haynen, Nordwärts
aber mit einem tiefen Sumpf, den man insgemein Slatina nennet, umgeben. Joseph Mika ehemaliger Probst
dieses Stiftes, gab eine weitschichtige Beschreibung von
diesem Orte heraus 1726. zu Leutmeritz in IV^{to}. unter dem
Tit. Das rühmwürdige Doxan. Her gehören diesseits
der Eger:

2) Duschnik. 3) Ehwalin, mit einer Kirche
unter dem Tit. des heil. Johann von Nepomuck.

N 5   4) Neu-

g) Balbin. Misc. L. 4.
h) Lupac. 15. Iun. & Balbin. Misc. L. 4.
i) Balbin. Misc. L. 4. 7.

4) Neuhof. 5) Infel St. Klemens, vor Alters eine Stadt Mur genannt, nebſt einer Kirche unter dem Tit. des heil. Klemens, welche 1384. mit einem eigenen Pfarrer befetzet war k), und 1398. vom
Pabſt Bonifacius IX. nebſt der Kirche zu Kmetnowes,
und Srbitz dem Stifte Doran einverleibet wurde l).

6) Klein Ručnitz. 7) Woteſſko. 8) Libotei-
nitz, mit einer Kirche unter dem Tit. der heil. Katharina.

9) Rohatec, mit einer Kirche unter dem Tit.
Allerheiligen.

10) Kmetnowes, Kmetinawes, nächſt an Ho-
ſpoſin, 4 Meil. von Prag Nordwärts entlegen, von
46. N., Dorf und Pfarrkirche unter dem Tit. des heil.
Wenzel, und Patronatsrechte der Obrigkeit, ſie war
ſchon 1384. mit einem eigenen Pfarrer verſehen, und
wurde 1730. vom Probſte Joſeph Mika ganz neu
erbauet.

11) Groß Rjedhoſt, Rjedhoſſt, ein Schloß und
Dorf von 67. N., und Kirche unter dem Tit. des heil.
Egidius, die 1384. in den Errichtungsbüchern als
Pfarrkirche vorkömmt. Liegt 5 Meil. von Prag, und
1 Meil. von Wranay Nordwärts.

12) Klein Rjedhoſt, oder Laučka.

Jenſeits der Eger liegen:

13) Bauſchowitz, Buſſowice, von 46 N., davon ein Theil nach Hrdly gehöret, 6 ¼ Meile von
Prag, nebſt einer Pfarrkirche unter dem Tit. der heil.

Pro-

k) LL. Erect.
l) LL. Erect. V. 5. B. 1.

Prokop und Niklas, und Patronatsrechte der doxaner Obrigkeit, welche schon 1384. als Pfarrkirche in den Errichtungsbüchern vorkömmt, sie ist 1633. durch die Schweden zerstört, 1718. aber von Joseph Nika Abte zu Doxan wieder hergestellet worden.

14) Dolanek, Dorf nächst Hrdly, und Pfarrkirche unter dem Tit. des heil. Egidius, und Patronatsrechte der Obrigkeit. Ein Theil von diesem Dorfe gehört nach Hrdly.

15) Böhm. Kopist. 16) Brniany, Meyerhof. 17) Sazena, Dorf und Schloß nahe an Welwarn, ist von dem adelichen Fräuleinstifte in der Neustadt Prag an Doxan verkaufet worden. 18) Cjernutz.

Gut Hrdly.

Gehört dem benediktiner Stifte bey St. Margareth. Demselben sind einverleibet:

1) Hrdly, Heridel, Hidel a), Dorf und Schloß von 27 N., an dem Fluße Eger 6 Meilen von Prag Nordwärts. Dieses Dorf ist nebst Bauschowitz, Dolanek, und folgenden drey Dörfern dem Stifte St. Margareth geschenket worden, wie solches theils aus dem Stiftungsbriefe von 993., theils aus der Bestätigung des König Wenzel von 1396., und des Kaiser Siegmund von 1436. abzunehmen ist.

2) Pocapel, mit einer Kirche unter dem Tit. des heil. Adalbert, die 1384. mit einem eigenen Pfarrer besetzet war b). 3) Traw-

a). Diplom. Boleslai Pii a. Hagek.
b) LL. Ercä.

3) Trawschitz, Trowossic, halb nach Zahorzan einverleibet.

Majoratsherrschaft Raudnitz.

Gehört dem Reichsfürsten Franz Joseph von Lobkowitz, Herzogen zu Sagan, die er nach seinem Vater Ferdinand geerbet hat. Sie ist über zwey Meilen lang, und gegen anderthalbe breit; derselben sind einverleibet:

1) Raudnitz, Raudnice, Raudnicium, eine wohlgebaute Herrenstadt mit Mauern, nebst einem prächtigen Schlosse, an der lausnitzer Strasse, und dem Fluß Elbe 5 Meilen von Prag entlegen; sie wird in die Alt = und Neustadt getheilet, und zählet samt der Vorstadt Bestiekow, 45 Judenwohnstätte, und 205 Christen = Häuser. Ihren Namen soll sie von einem hier ehedem berühmten Gesundbrunnen Rudnice bekommen haben. Noch zu Anfang des vorigen Jahrhunderts wurde hier ein starker Handel mit Getreide, Wein, Fischen, Pferden, Schafen und Rindvieh getrieben, dadurch die von entfernten Dertern ankommende Kaufleute vielen Nutzen den Bürgern verschaffet haben a). Das Stadtwappen stellet zwey Thürme in rothem Felde vor. Ob diese Stadt schon vor Heinrich Herzogs = und prager Bischofs = Zeiten dem prager Bistum zugehöret habe, ist unbekannt, so viel weis man zuverläßig, daß eben dieser Heinrich die Erkaufung des Dorfs Kowny dem nahe an Raudnitz stehenden Maltheser-

---

a) Paproc. de Urb.

theser - Hospital 1194. kraft eines Majestätbriefes bestätiget hatte b). Während der Regierung Ottos
Marfgrafen von Brandenburg, übten die Deutschen
unerhörte Gewaltthätigkeiten in unserm Vaterlande aus,
aus deren Zahl war auch Paul Beruth, der 1282.
die bischöfliche Residenz zu Prag, und die Herrschaft
Raudnitz dem Bischof Tobias entrissen, und sich zugeeignet hatte c); wurde aber bald wieder genöthiget, beydes demselben einzuräumen, nachdem Otto auf
Begehren der Stände einen Befehl ergehen ließ, daß
alle Deutschen in drey Tagen ganz Böhmen räumen
sollen d). Solchergestalt blieben die prager Bischöfe in
ruhigem Besitze dieser Stadt bis auf den abtrinnigen Erzbischof Konrad, und ließen sich fleißig angelegen seyn, der
durch Beruths ungerechte Gelderpressungen höchst ent-
kräfteten Stadt wieder aufzuhelfen. Im J. 1333.
bauete hier Bischof Johann von Dražic eine steinerne
Brücke über die Elbe, und stiftete am Fuße derselben
ein Armenhaus und Kloster für zwanzig Chorherren,
die er zuerst in Böhmen eingeführet, und ihnen die
Obsorge über diese Armen anvertrauet hatte e). Diese Gebäude sind in der hiesigen Pfarrkirche auf einem
25 Ellen großen Stein zwischen dem Predigtstuhl und
der Sakristey ausgehauen zu sehen f). Im J. 1350.
wurde auf dem hiesigen Schlosse jener berufene Niklas
Gabri-

h) Urkunde a Gel. Hist. T. 6.
c) C. Cosmae.
d) Pelzel Hist.
e) Franc. Prag. L. 1. & Beneß. Metrov. L. 2. Pelzels
   Vit. Carol. IV. P. 1.
f) Von Sinenberg. Merkwürd.

Gabrini, oder Cola Rienzi, der sich durch seine schwärmerische und listige Anschläge bey dem Pabste Clemens VI. dem König aus Ungarn, und letzlich auch bey dem Kais. Karl VI. große Ungnade zuwegen gebracht, auf Befehl des Kaisers festgesetzet, und dann dem Pabste nach Avignon überliefert g). Im J. 1375. kaufte Johann Očko Erzbischof das nächst bey Raudnitz gelegene Schloß Helfenburg, und ließ es stark befestigen, davon aber heute keine Ueberbleibsel mehr zu sehen sind h). Im J. 1371. 15. Jun. weihte er die Schloßkapelle unter dem Tit. der Jungfrau Mariä, und der Landespatronen ein i), und beförderte alles, was zur Aufnahme dieser Stadt dienen konnte. Allein das traurige Verhängniß der einheimischen Spaltungen und Unruhen, welches zu dieser Zeit ganz Böhmen drückte, drohete auch dieser Stadt mit gleicher Gefahr Noch im J. 1413. hielt Konrad hier eine geistliche Synode wider die verderbliche Lehre des Johann Huß, bald darauf aber pflichtete er selbst derselben bey, gestattete nicht nur dem Žižka 1425. den Tag nach Georg freyen Durchmarsch, sondern ließ auch dessen ganzem Gefolge häufige Lebensmittel unentgeltlich darreichen k). Solchergestalt betrug sich zwar der Feind die Zeit seines Aufenthaltes hier ganz friedlich, kaum wurde aber das Zeichen zum Abmarsche gegeben, so überfiel plötzlich dieses zügellose Gesindel das Kloster der Chorherren,

---

g) Beneß. L. 4. & Pelzels Vit. Carol. IV. P. I.
h) LL. Erect. V. I. P. 7.
i) Beneß.
k) Balbin. Misc. L. 4.

herren, zerſtörte daſſelbe ſamt dem Armenhauſe , ſteckte
die Stadt in Brand, und plünderte alles rein aus 1).
In dieſe Zeit wird vermuthlich auch die Vernichtung
des Maltheſerkloſters, und des feſten Schloſſes Hel=
fenburg zu verſetzen ſeyn.   Konrad, der ſich durch
ſolch feindliches Betragen in ſeiner Hofnung ſtark be-
trogen fand , aus Furcht all ſeiner Güter nach der
Zeit verluſtigt zu werden, trachtete von nun an dieſel=
ben an verſchiedene Käufer zu verdußern, und trat
1431. die Stadt Raudnitz ſamt allen dazu gehörigen
Dörfern und Gerechtſamkeiten an den Hrn. Johann
Smiřicky von Smiřic um 4000. Schock prag. Groſch.
ab, mit ſolcher Bedingung, damit ſelbe dem prag. Erzbiſtum, wenn ſolches abermal zu ſeinem vorigen Stande
gelangen ſollte, gegen Erlegung der berührten Summe
zurückgeſtellet würde.   Nicht lange darauf ſegnete Jo=
hann das Zeitliche, und deſſen hinterlaſſene Wittwe
Margareth gebohrene von Michalowitz verkaufte die=
ſe Herrſchaft mit Bewilligung des Kön. Ladiſlaw an
den Hrn. Heinrich von Roſenberg m).   Kaum war
dieſer Kaufkontrakt zu Stande gekommen, als die Helf=
te der Stadt 1439. durch ein unverſehenes Feuer ein-
geäſchert, und bald darauf an die Hrn. von Stern=
berg pfandweis überlaſſen wurde.   Zdenko von Stern=
berg trat der Verbindung der Hrn. von Roſenberg,
Haſenburg , Schwamberg , Schelmberg , Gutten=
ſtein, Ronsberg, und mehreren andern bey, die ſie
1465. zu Grünberg wider den König Georg von
Pode=

1) Bartoſſ.
m) Urkunde a Paproc. de Statu D. D.

Podébrad unter einander geschloffen haben n). Das
Betragen diefer Herren zu beftrafen, fchickte der König einige feiner Truppen die Schlöffer derfelben zu be-
zwingen, er felbft aber rückte 1467. vor Raudnitz, belagerte daffelbe zwölf Wochen lang, bemächtigte fich
deffelben am 25. April, und verheerte die ganze Stadt
mit Schwert und Feuer o). Von der Zeit an blieb
Raudnitz, wie es fcheint, bey der königl. Kammer,
und wurde mit der Zeit an verfchiedene Herren verpfändet, von denen uns nur zwey bekannt find, nämlich Karl Dubansky von Duban um das Jahr 1541. p),
und dann 1560. Johann Herzog von Oftrau q). Zu
gleicher Zeit aber machte Wilhelm von Rofenberg An-
fprüche auf diefe Herrfchaft, die feine Vorfahren mit
baarem Geld bezahlet, und nur pfandweis an die
Sternberge abgetreten haben. Die Sache wurde ge-
nau unterfuchet, und das Recht endlich dem Hrn. von
Rofenberg zugefprochen r). Unfer Wilhelm traf gleich
bey feiner Antretung alle mögliche Anftalten der Stadt
wieder aufzuhelfen, ftellte auf Verlangen der Bürger,
welche unlängft der Lehre Huffens entfaget haben, die
von Zizka großentheils verwüftete Pfarrkirche wieder
her, brachte das Schloß aus dem Schutte hervor,
fammelte eine große Anzahl auserlefener Bücher, die
hier noch jetzt aufbewahret werden, und legte nebft vier
Phafangärten noch andere nützliche Gebäude an. Deffen

hinter-

n) Urkunde a Paproc. de Statu D. D.
o) Weleslavina 25. April.
p) Boëm. D. P. 2.
q) Hift. S. I. L. 3.
r) Paproc. de Vrb.

hinterlassene und zur Universalerbinn eingesetzte Wittwe
Polexina gebohrene von Pernstein verehelichte sich nach
der Zeit an den Hrn. Zdenko von Lobkowitz, und
so verfiel 1784. diese Herrschaft nach fünf lobkowitzi-
schen Ahnen an den jetzt unter der Vormundschaft regierenden Franz Joseph Maxim. Herzog zu Sagan, Reichsfürsten von Lobkowitz, und gefürsteten Grafen zu Stern-
stein. Im J. 1615. stiftete hier der gesagte Zdenko
ein Kapuzinerkloster samt der Kirche unter dem Tit.
des heil. Wenzel. Die folgenden Jahre waren für die
Stadt Raudnitz abermal schröcklich, da sie 1631. von
Sachsen, 1639. und 1645. von Schweden geplündert, und endlich 1676. durch ein heftiges Feuer fast
ganz verzehret worden. Philipp Lobkowitz, der 1715.
die Regierung angetreten, gab wieder mit vielen Kosten sowohl dem Schlosse, als auch der Pfarrkirche,
die unter dem Tit. Marien Geburt, und Patronatsrechte der Obrigkeit ist, und heut von einem Probsten administriret wird, das vorige Ansehen. Nebst diesem
findet man noch hier eine Kirche unter dem Tit. Marien Himmelfahrt, und die zweyte unter dem Tit. des
heil. Joseph bey dem Spitale, darinn eilf arme Bür-
gerwitwen verpfleget werden. Im funfzehnten und
sechzehnten Jahrhundert kamen hier zur Welt Andreas
und Laurenz von Raudnitz, beyde wählten den geistlichen Stand, und machten sich durch ihre gelehrten
Schriften bekannt s). Der Stadtgemeinde zu Raudnitz gehören die Dörfer:

Pod-

---

s) Boëm. docta. P. 2.

Erster Theil.   O

Podluk, und Hracholuk, welche an dem Bache Zippel liegen. Dieser Bach entspringet unter dem
Dorfe Wodochod, und fällt bey Doxan in die Eger.

Pomischle, oder Spomissel, davon auch etwas
nach Horin, Jenlowes, und Schopka gehörig.

2) Hrobek. 3) Židowic. 4) Klenč. 5) Raćino-
wes, Raćnewes, Dorf von 69. N., ehemaliger Ritter-
siß der Herren von Raćinwsy t). 4½ Meil. von Prag
entfernet, nebst einer Pfarrkirche unter dem Tit. des
heil. Gallus Abt, und Patronatsrechte des Besitzers,
die 1384. mit einem eigenen Pfarrer versehen war u).

6) Strakow, Dorf, davon etwas nach Ober-
Berschkowitz und Doxan einverleibet ist, nebst einer Kirche unter dem Tit. des heil. Wenzel, die 1384. mit
einem eigenen Pfarrer besetzet war x).

7) Břjza. 8) Wodochod, wurde 1294., 23.
May von Ecko Kommendeur der Tempelherren mit
Bestätigung des König Wenzels und Berchram von
Zweck Vorstehers dieses ganzen Ordens an den prager
Bischof Tobias um 220 Mark Silbers käuflich ab-
getreten y).

9) Laućka, Meyerhof. 10) Neudorf. 11) Le-
ćic, Dorf und Kirche unter dem Tit. des heil. Wenzel.
Im J. 1784. wurde ein Theil der hiesigen Gemeinde,
der die helvetische Glaubenslehre angenommen, mit einem eigenen Pastor versehen.

12)

t) Diplom. Waldstein. a Gelaf. M. T. 1.
u) LL. Erect.
x) LL. Erect.
y) Urkunde ex Archiv. Capitul. Metrop. Prag.

12) Daniowes. 13) Ezitow, ein Dorf von 114. N., und Pfarrkirche unter dem Tit. des heil. Leonard, und Patronatsrechte des jetzigen Besitzers, die schon 1384. in den Errichtungsbüchern als Pfarrkirche vorkömmt, liegt 4 Meil. von Prag zwischen Ober= und Unter= Berschkowitz. Aus den ehemaligen Besitzern dieses Ortes sind mir nur folgende bekannt: 1674. Franz Scheidler oberste Landschreiber z), 1709. Johann Humbert von Hartig, Herr auf Daniowes, Kamenitz, Ober= Berschkowitz, und Wizelimitz aa), dessen Nach= folger das Schloß erbauet haben. Diesen folgten die Hrn. von Turba, welche Ezitow samt Daniowes 1782. an die Herrschaft Raudnitz käuflich abgetreten haben.

14) Wraniany, theils her, theils nach Horin gehörig:

15) Lujec, Dorf von 45. N., und Pfarrkirche unter dem Tit. des heil. Egidius, und Patronatsrechte der Obrigkeit, die schon 1384. mit einem eigenen Pfar= rer besetzet war bb). Liegt 3 Meil. von Prag an der Moldau. Im J. 1305. trat Herr Golda dieses Dorf dem St. Georgstifte zu Prag für andere theils in prachiner, theils in melniker Bezirke liegende Güter ab cc). Im J. 1623. fiel dieses Gut samt Wesetz nach dem Hrn. Adam Friedrich Audrycky dem königl. Fiskus zu, und wurde an den Hrn. Nestlinger käuflich überlassen dd).

D 2

16)

z) v. Ezernauffel.
aa) Hammerschmid Pr. Gl. Pr.
bb) LL. Erect.
cc) Hammerschmid in Hist. Monast. S. Georg. Urkunde.
dd) MS.

16) Taubendörfel, Netės.   17) Wraßkow.

18) Eztinowes, Ctinewes, nebst einer Kirche unter dem Tit des heil. Matthäus, gehörte zu Ende des vorigen Jahrhunderts dem jesuiter Kollegio bey St. Klemens zu Prag ee). Im J. 1782. bekannten sich einige aus der hiesigen Gemeinde zur augsburger Konfession, und wurden mit einem Pastor versehen. Nachdem aber der größte Theil derselben zur helvetischen Konfession nach Lccic übertrat, legte der Pastor sein Predigtamt nieder, und kehrte in sein Vaterland zurück. Unser Hagek bestimmte dieses Dorf zur Grabstätte des Czechs, man fand aber bey angestelltem Versuche vor einigen vierzig Jahren, weder Beine dieses lieben Urvaters, noch Steine, die man zu solchen Zeiten auf die Leichen der Begrabenen aufzuhäufen, und solche Steinhaufen Bozle zu nennen pflegte ff). Dieses Dorf liegt am Fuße des Bergs Georgenberg, Rzip, der seinen Namen von einer auf dessen Gipfel 1126. von Herzog Sobieslaw erbauten, und vom Heinrich Zdik Bischofe zu Ollmütz eingeweihten St. Georgenkapelle bekommen hat gg). Er liegt in einer ringsherum weit und breit offenen Ebene, zwischen den Flüssen Eger, und Moldau; diese fruchtbare und reizende Gegend soll, nach Kosmas Zeugniß die ersten Einwohner dieses Landes bewogen haben, ihren Sitz hier fest zu setzen hh). Heut dienet dieser hohe Berg den angrenzenden Nachbaren statt eines untrüglichen Wetterglases. Im vorigen

ee) Balbin. Misc. L. 1.
ff) Gelas. Hist. T. 2.
gg) Cosmas & Pulkava.
hh) Cosmas. L. 1.

gen Jahrhundert besuchte jährlich ein gewisser Mann
aus Burgundien fleißig diesen Berg, und fieng daselbst
häufige Adler und Falken, dessen unser Balbin selbst
ein Augenzeuge war ii). Man findet auch auf diesem Berge
Magnetsteine, welche zwar die Pohlen ordentlich anzeigen,
die Kraft aber das Eisen anzuziehen, nicht besitzen kk).

19) Rowney. 20) Weseß, Wesce. 21) Krabschiß.
22) Bezdékow. 23) Dobřin, 24) Kozlowic. 25) Zalu-
žy. 26) Hnĕwic. 27) Ratschiß. 28) Nowa Wiska.
29) Libkowiß.

Jenseits der Elbe.

30) Launken, mit einer Kirche. 31) Chotaun.
32) Czernowes, mit einer Kirche. 33) Wĕdomic.
34) Rischkowiß. 35) Vrsanken. 36) Wettel, Dorf,
und Kirche unter dem Patronatsrechte des Besißers,
die schon 1384. ihren eigenen Pfarrer hatte ll). Gegen das Jahr 1334. kaufte Johann von Dražic Bischof
zu Prag dieses Dorf um 700 Mark, und schenkte es dem
Armenhause, welches er zu Raudniß gestiftet hat mm).

37) Gastdorf, Drzow, Hofska, eine wohlgebaute
Herrenstadt von 186 Häuser, 6 Meil. von Prag Nordwärts entlegen, an dem Bache Obertka, welcher bey
dem Schlosse Radaun entspringet, seinen Lauf gegen
Abend richtet, und bey dem Dorfe Woken in die Elbe fällt. Die Einwohner haben mit ihrer ehemaligen
böhmischen Muttersprache die Deutsche dermaßen ver-

D 3   ein-

ii) Balbin. Misc. L. 1.
kk) Balbin. ibid.
ll) LL. Erect.
mm) Franc. Prag. L. 1.

einbaret, daß sie heut zu Tage dieser beyden gleich kündig sind. Ihre Hauptnahrung besteht nebst dem Wein-
hopfen-und Ackerbau, der nur von mittelmäßiger Klasse ist, in der Wollspunst und anderen Manufakturen.
Nächst an der Stadt findet man auch eine Papiermühle, darinn ein gutes Papier verfertiget wird. Das
Stadtwappen stellt eine Kirche mit einem Thurme
vor, mit der Aufschrift S. Ottmarus Abbas. So viel
man aus den Geschichtsbüchern ergründen kann, war
diese Stadt von undenklichen Zeiten her der Herrschaft
Raudnitz einverleibet, und hatte folglich mit derselben
gemeinschaftliche Herren. Sie ist auf bittliches Ersu-
chen dieser Besitzer 1266. von König Premisl Ottokar dem II. in die Zahl der Städte einverleibet, und
von dem Johann Očko, und Zbinko prager Erzbischö-
fen durch Verleihung vieler Freyheiten und Vorrechte
allzeit mehr und mehr verherrlichet worden nn).

- Die Pfarrkirche unter dem Tit. des heil. Otmars
Abt, und Patronatsrechte der herrschenden Obrigkeit,
kömmt in den Errichtungsbüchern auf das J. 1384.
vor, zu welcher Zeit selbe schon mit einem eigenen
Seelsorger versehen war. Im J. 1657. im Monat.
July, nachdem die Preußen die Belagerung von Prag
aufgehoben, und in zweyen Kolonnen gegen Leutmeritz
und böhm. Leipe fort marschirten, lagerte sich der General Nadazdy mit einem Korps von ungefähr 13000
Mann bey Gastdorf, und schnitt diesen zweyen preußi-
schen Armeen die Kommunikation völlig ab oo).

38)

nn) Archiv. Civit.
oo) Geschichte des 1756. Krieges.

38) **Malschen,** ein Dorf mit einer Kirche unter dem Tit. des heil. Georg. M.

39) **Kochowitz.**

Budohostitz Dorf.

Gehört zu dem St. Paul; Spital in der Altstadt Prag.

Majoratsherrschaft Unter = Versch= kowitz.

Gehört dem Reichsfürsten Franz Joseph von Lob= kowitz. Im J. 1623. kaufte Polexina Fürstinn von Lobkowitz diese nach dem Hrn. Sigmund von Bell= witz an den königl. Fiskus verfallene Herrschaft a). Hieher sind einverleibet :

1) Unter=Verschkowitz, dolnj Besskowice, Dorf von 61. N., nebst einem alten Schlosse, 4¼ Meil. von Prag an der Elbe gelegen.

2) Podwlcy, Podolcy. 3) Kriwenic 4) Po= kap, von 58. N., nebst einer Kirche unter dem Tit. Marien Himmelfahrt, davon ein Theil nach Ober= Verschkowitz gehörig.

5) Bechlin, ehemaliger Rittersitz der Hrn. von Bechlin, jetzt theils hieher, theils nach Ober= Berschko= witz gehöriges Dorf von 73. N., nebst einer Kirche unter dem Tit. des heil. Wenzel, die 1384. ihren eige= nen Pfarrer hatte b).

D 4 6)

a) MS.
b) LL. Erect.

6) Předonin, von 24. N., davon eins nach Ober-
Berſchkowitz gehöret.

7) Weißkirchen, Wlnowes, Wlnawes, ein
Dorf von 35. N., gehört auch zum Theil nach Ober-
Berſchkowitz, und Schopka, nebſt einer Pfarrkirche un-
ter dem Tit. der Enthauptung des heil. Johann
Täufers, und Patronatsrechte des Beſitzers, die ſchon
1385. in den Errichtungsbüchern verkömmt c). Liegt
an der Elbe, in einer an Wein und Getreid fruchtbaren
Gegend, 4½ Meil. von Prag Nordwärts entfernet.

Herrſchaft Ober-Berſchkowitz.

Gehört der verwitweten Gräf. Maria Thereſia von
Hartig, gebohr. Gr. Kolowrat Krakowſky. Her gehören:
1) Ober-Berſchkowitz, hornj Beſſtowice, ein
Dorf und neu gebautes Schloß, von 40. N., 4¼ Meil.
von Prag Nordwärts entlegen, in einer an Wein, Korn
und Weitzen ſehr fruchtbaren Gegend. Das prächtige Schloß iſt vor vierzig Jahren von den Grafen
Werſchowetz nach den beſten Regeln der Baukunſt angeleget, von jetziger Beſitzerinn aber zu Ende gebracht,
und mit Luſt- und Phaſangärten verſehen worden.

2) Ezernauſek, ¼ Stunde von Berſchkowitz, Weſtwärts gelegenes Dorf von 30. N., davon die Helfte
nach Raudnitz gehört, und die Pfarrkirche unter dem
Tit. des heil. Bartholomäus, und Patronatsrechte der
Beſitzerinn. Im J. 1772. wurde die Kirche erneuert,
bey welcher Gelegenheit drey kleine in Wachs gedruckte
Siegel, und ein Blatt von Pergament unter dem ho-
ben

c) LL. Erect. V. 13. B. 2.

hen Altare eingemauert gefunden worden, darauf folgendes zu lesen ist: **A. D. MCCCXXXIV.** Dedicata
est ista Ecclesia per honorabil. Patrem Othoniel Epis-
copum, Sartagiensem Ord. Min. Convent. S. Francisci
&c. Bey der Abtragung des hohen Altars traf man
folgende Aufschrift an: 1674. 18. August. Gegich
Milost Pan Frantissek Sseidler neywyssi Pjsař Brá-
lowstwj Cjesseho, Pán Panstwj hořeyssich Beikowlc,
Bacow, Libocha, Czitowa, Czernausstu dal posta-
wit Oltář tento ꝛc.

3) **Kostemblat, Kostomlaty,** von 45. N., Dorf,
und Kirche, unter dem Tit. der heil. Ap. Peter und
Paul, die 1411. in den Errichtungsbüchern vorkömmt d).
Man trift hier alte Rudera an, wo ehemal ein Chorherren Kloster unter dem Tit. des heil. Stephan stehen sollte, davon uns aber nichts zuverläßiges bekannt ist.

4) **Mastikowl?,** davon ein geringer Theil nach
Raudnitz einverleibet ist.

Majoratsherrschaft Jeniowes.

Die jetzige Besitzerinn ist Aloysia verwitwete
Gräfinn von Chotech, gebohrne Gräfinn von Binsky.
Sie wird durch den Fluß Moldau in zwey Theile getren-
net. Hieher gehören folgende Dörfer dießeits des Flußes:

1) **Jeniowes, Gewnewes,** wovon die Helfte
nach Raudnitz einverleibet ist.

2) **Weprek,** nebst einer Pfarrkirche unter dem
Tit. Marien Geburt, die zur Zeit der hussitischen

D 5   Uns

d) LL. Erect. V. 13. T. 6.

Unruhen ihres geiſtl. Hirtens beraubet, 1737. aber wieder mit einem eigenen Pfarrer verſehen worden. Das Pfarrecht, welches ehedem zwiſchen dem prager Domprobſten, und Grafen Rudolph Chotek alternativ war, ſteht jetzt, nach getroffenem Kaufkontrakte dem Beſitzer allein zu. Im J. 1777. wurden hier zwey Stücke Gold gefunden, von gleicher Forme, Schrot und Korn, wie diejenigen, die wir bey Podmokl beſchrieben haben, deren eins zwey kremnitzer Dukaten, das zweyte 1 fl. 15 kr. am innern Werth hielt. Auſſer dem Dorfe findet man einen tiefen Keller, der ſich jemal bis Raudnitz erſtrecken ſollte, jetzt aber gröſtentheils hin und her verſchüttet iſt. 3) Auholitz.

Jenſeits der Moldau.

4) Gedibaby, Dědlbaby, dieſes Dorf kaufte 1586. mit Beſtätigung Kaiſer Rudolphs II. die Pfarrkirche bey St. Adalbert auf der Neuſtadt, Prag, und trat ſolches 1626. abermal um 1000 Schock Meiß. an den Hrn. Wilhelm von Lobkowitz käuflich ab a).

5) Duſchnik, Dußnik. 6) Kriwaus. 7) Wſcheſtub, zum Theil nach Raudnitz und Chwatěrub gehörig. 8) Woikowitz, ein Theil davon gehöret nach Chwatěrub. 9) Zloſeyn. 10) Weltrus, Weltruß, am rechten Ufer der Moldau, 4 Meil. von Prag Nordwärts entlegen, nebſt einer Kirche unter dem Tit. des heil. Johann Täufers, bey welcher Graf Rudolph

Cho=

a) Hammerſchmid Pr. Gl. Pr.

Chotek einen Lokalkaplan gestiftet hatte. Nächst an diesem Dorfe liegt das:

11) Lustschloß, sonst chotekische Insel genannt, darauf ein großer Feldbau, nöthige Waldung, trefliche Phasan = und Obstgärten, und ein prächtiges Schloß von 88 mit allen Geräthschaften bestens versehenen Zimmern zu sehen ist; die hiesige Brücke ist 1782. eingebrochen, und dann abgetragen worden.

12) Roth Lhota, čerwená Lhota. 13) Au = schiß. 14) Kozomin, gehörte 1620. dem Hrn. Hein = rich Seidliz b). 15) Podhořan, gehörte zu Anfang des sechzehnten Jahrhunderts einem prager Bürger Thuma von Podhořan.

Herrschaft Mühlhausen.

Gehört dem Reichsfürsten Franz Joseph von Lobkowitz. Hieher gehören:

1) Mühlhausen, Nalzowes, Schloß und Dorf am linken Ufer der Moldau, 2¼ Meil. von Prag Nordwärts entfernet, nebst einer öffentlichen Kapelle unter dem Tit. des heil. Andreas Ap.

2) Miniz, von 31. N., 2½ Meil. von Prag an der welwarer Straße, nebst einer Pfarrkirche unter dem Tit. des heil. Ap. Jakob des Gr., und Pa = tronatsrechte des Besitzers. Im J. 1352. wies Kö = niginn Anna den Mansionären zu Prag auf diesem Dorfe 10 Schock prager Gr. an, mit dieser Bedin = gung, damit selbe für 8 Schock eine Wachskerze an =
schaf =

b) MS.

schaffen, und fleißig acht haben, damit solche Kerze bey dem Grabe ihres erstgebohrnen Prinzen Wenzels Tag und Nacht brenne a).

3) Hledsebe. 4) Mirowitz, zum Theil nach Jeniowes gehörig.

5) Kamenß Most, von 27. N. 6) Leschan.

7) Lobeček, oder Deutsch Lobeč.

8) Holubitz, Dorf und Kirche unter dem Tit. Marien Geburt, die 1384, mit einem eigenen Pfarrer versehen war b). Sie ist rund nach der Art der heidnischen Tempel gebauet. Noch im vorigen Jahrhunderte war selbe mit einer eisernen Thüre verwahret, darauf man allerhand Züge in Gestalt einiger Buchstaben wahrgenommen, die aber niemand entziffern konnte c) Im J. 1200 schenkte König Přemisl I. dieses Dorf der Domkirche bey St. Veit zu Prag d).

9) Deberno.

10) Libschitz, Libčic, Dorf und Kirche unter dem Tit. des heil. Bartholomäus Ap., die 1384. einen eigenen Pfarrer hatte. Nicht weit von dannen sind alte Rudera auf einem Felsen, von dem sogenannten Schlosse Libehrad, welches nach Hagekens-Berichte 712. Libuscha erbauen ließ e).

Gut

---

a) Urkunde a Gelas. Mon. T. 3.
b) LL. Erect.
c) Balbin Misc. L. 3.
d) Urkunde a Balbin. Misc. L. 6.
e) Hagek. a Gelas. Hist. T. 2. Paproc. de Urb. Balbin. Misc. L. 3.

Gut Türſko.

Gehört dem ritterlichen Kreuzorden mit dem rothen Stern an der Brücke zuPrag. Demſelben ſind einverleibet:

1) Türſko, Cžernuc welký, Dorf von 42. N., nahe an der Moldau, 2 Meil. von Prag Nordwärts entlegen, und Pfarrkirche unter dem Tit. des heil. Martin Biſchofs, und Patronatsrechte der Inhaber, welche mit Abreißung der alten 1698. angelegt, 1700. zu Ende gebracht, und 1706. von Veit Seibt prager Weihbiſchofe konſekriret worden iſt. Dieſer Ort iſt in unſrer Geſchichte merkwürdig von jener großen Nieder-lage, welche Wlaſtiſław ſaaßer Herzog 869. hier erlitten hatte. Die Böhmen erhielten zwar einen vollkomme-nen Sieg, allein ihr herzhafter Anführer Tyr gerieth in ein hitziges Handgemeng, wurde von Feinden niedergehauen, und auf Herzog Neklans Befehl mit größter Feyerlichkeit begraben. a). Man zeiget hier in offenem Felde einen großen Steinhaufen, der insge-mein für die Grabſtätte dieſes tapfern Feldherrn an-gegeben wird b). Im J. 1237. ſchenkte Bohuſlawa hinterbliebene Wittwe des Hrn. von Zwieſtowa dieſes Dorf dem Spitale der Kreuzherren zu Prag, mit Be-ſtätigung des Königs Wenzel c).

2) Dolanka. 3) Dolan, dieſe zwey Dörfer gehören zum Theil nach Swoleniowes. Im J. 1337. kauf-

a) Coſmas L. 1. Pulkava.
b) Gelaſ. Hiſt. L. 3.
c) Hammerſchmid. Pr. Gl. Pr.

kaufte Ulrich Großmeister der Kreuzherren das Dorf Dolan dem Hrn. Jesko Profinka ab d).

4) Kralup.

Gut Zakolany.

Gehört der Pfarrkirche am Thein in der Altstadt Prag samt folgenden Dörfern:

1) Zakolany, ein Dorf an einem Bache, der von diesem Dorfe der zakolaner Bach genannt wird; er entspringt bey Bladno, richtet seinen Gang gegen den Aufgang, nimmt vor Kowary einen unbenannten von Prčtočna, dann bey Mikowitz abermal einen von Swolenlowes herzueilenden gleichfalls unbenannten Bach auf, und fällt endlich bey Kralup in die Moldau.

2) Trno Augezd.

Herrschaft Swolinowes.

Zu Anfang des sechzehnten Jahrhunderts waren die Hrn. Zeydlic von Schönfeld Besitzer davon. Zu Anfang des siebenzehnten Jahrhunderts verfiel selbe an die Hrn. Wratislaw von Mitrowitz. 1623. Wurde Peter Müller von Mühlhausen dieser Herrschaft verlustigt, welche Fr. Susanna Chrtin käuflich an sich brachte a): dann kam sie an die Herzoginn Maria Franziska von Toskana, endlich an Chur Bayern, dann 1780. an den Herzog Karl August von Zweybrücken,

und

d) Urkunde a Pelzel Vita Caroli IV.
a) MS.

und endlich 1784. an den jetzt regierenden Fürsten zu Waldek.   Hieher gehören:

1) Swolinowes, Zwolenkowes, Zwolenawes, Schloß und Dorf von 55 N., 3 Meil. von Prag, rechts an der schlaner Poststraße gelegen.   Die Hauptnahrung der Einwohner besteht in Ackerbau, Obst- und Hopfengärten, der hier vor kurzer Zeit in Aufnahme gekommen, und mit gutem Fortgang gepflanzet wird.   Der Landmann spricht hier eben so geläufig deutsch als böhmisch.   Die Pfarrkirche unter dem Tit. des heil. Martin B., und Patronatsrechte des Inhabers, welche in den Errichtungsbüchern schon im J. 1396. vorkömmt, wurde 1677. abermal mit einem eigenen Pfarrer besetzet, und 1745. von Anna Maria Herzoginn von Toskana fast ganz neu gebauet.   Man trift in derselben noch einige Grabsteine der ehemaligen Besitzer, die übrigen aber sind zur Zeit der Erneuerung weggerdumet worden:

1540. Vmřel Vroz. Ritjř Giřj Zeidlicz Osenzfeldu, Drahoniostu, a Zwoleniowsy, ꝛc.

1596. Panj Markyta Zeidlicowa z Běly, Manzželka P. Giřjka Zeidlice w Letech weku swého 81. Dar od Pana Boha měla, že gest swých Dětj, Synůw, Dceer, a giných Wnučat, a Prawnučat přes 70 žiwých widěla ꝛc.

1571. Vroz. Pán Jan Zeidlic z Osenfeldu ꝛc.

1607. Jan Wratislaw, Synaček Pána Giřjho Wratislawa z Mitrowic, a na Zwoleniowsy ꝛc.

2). Podleschin, Podlissin, von 52 N., hier und zu Trz, Dřin, waren ehemal Schlösser, deren Her-

zog Bretiſlaw in dem Stiftbriefe der Kollegialkirche zu
Altbunzlau erwähnet b).

3) Slatina, von 44. N., nebſt einem Schloße,
ehemaliger Ritterſitz der Hrn. von Zerrina, wie es aus
einem hier angebrachten Wappen abzunehmen iſt. Die
Kirche unter dem Tit. des heil. Adalbert wurde 1717.
auf Anordnung der Herzoginn von Toſkana erneuert.

4) Nowomeřice, von 36. N.　5) Wolowitz,
von 39. N.

6) Zeměch, von 24 N. nebſt einer Kirche unter
dem Tit. des heil. Johann Täufers, die 1723. von
Herzoginn Anna Maria erneuert, mit hinlänglichen
Kirchengeräth, und einem Lokalkaplan verſehen worden iſt.

7) Mikowitz, von 38 N., nebſt einem halbver-
fallenen Schloſſe, an deſſen Front die Jahrsza..., 596.
zu leſen iſt; ob ſolche aber die Zeit der Erbauung, oder
nur der Erneuerung beſtimmen ſoll, iſt unbewußt. Im
Saale ſind verſchiedene Wappen und Aufſchriften, der
Hrn. von Rzican, Bezděze, Kolowrat, Blinſteyn,
Martinitz, Rabſtein, Warrenberg, wie auch des Johann Freyh. von Chota, Hrn. auf Mikowitz, und
Katharinen Mandalina von Kaupowa zu ſehen.

8) Klein Bučina, ein vor wenigen Jahren an-
gelegtes Dörſlein.

9) Wotwowitz.　10) Blewitz, deſſen Helfte
nach Statenitz gehöret.

11) Lobeč.　12) Jeſchin.　13) Miletitz, liegt
nahe an Welwarn; ein Hof davon gehört nach Welwarn.

　　　　　　　　　　　　　　　　Herr=

b) Balbin Miſc. L. 3. & Epit. Hiſt. L. 3.

Herrschaft Koletsch.

Gehörte zu Anfang des vorigen Jahrhunderts dem Hrn. Johann Slusky. 1623. Fiel selbe dem königl. Fiskus zu, und wurde an den Hrn. Johann Kasper käuflich überlassen. Diesem folgten im Besitze dieses Guts die Herren von Sizzini, von Hrzan, Grafen von Paradieß, unter welchen solches in Krida verfallen, und dann an das ritterliche Geschlecht der Hrn. von Ubelli käuflich gekommen ist. Der jetzige Besitzer Johann Thadd. Ubelli Ritter von Siegburg, hat selbes vor einigen Jahren von seinem Hrn. Bruder Emmanuel übernommen. Der Boden ist hier voll Steinkohlen, die aber nicht gegraben werden. Derselben sind einverleibet:

Koletsch, Kolč, Kolčy, Dorf von 41 N., nebst einem alten und neuen Schlosse, rechts an der schlaner Poststrasse, 2 ½ Meil. von Prag entfernet. Das neue Schloß wurde von den Gr. Paradieß angeleget, von dem Ritter Wenzel Vater des jetzigen Besitzers 1713. zu Ende gebracht, mit auserlesenen Gemälden von unbekannten Meistern verherrlichet, und mit einem wohl angelegten Zier = und Phasangarten versehen. Bey der Kirche unter dem Tit. der heiligen Dreyeinigkeit, welche 1714. neu gebauet, und von Joseph Mayer prager Weißbischofe in demselben Jahre konsekriret worden, hat der jetzige Besitzer 1777. einen Administrator gestiftet. Das Seitenaltarblatt des heil. Joseph ist von Skreta, und ein kleineres Magdalenen Gemälde eben daselbst von Brandel verfertiget worden.

2) Třebusitz. 3) Teinitz. 4) Mozolin.

Erster Theil.   P   Kladno.

Kladno.

Gehörte zu Anfang des siebzehnten Jahrhunderts den Hrn. von Ždiarsky, dann verfiel es an die Grafen von Bora a), jetzt hält es in Besitze das Benediktiner Stift St. Margareth bey Prag. Hieher gehören:

1) Kladno, Stadt mit Mauern und vier Thören an einem Berge, 2¾ Meil. von Prag Westwärts gelegen, zählet samt der Vorstadt 94 Häuser, und führet in Wappen das Bildniß der Gerechtigkeit mit einer Waagschale. Das neue Schloß wurde 1736. mit Abtragung des alten, angeleget, und 1750. nebst einer Schloßkapelle unter dem Tit. des heil. Laurenz, zu Ende gebracht. Der Bau der Pfarrkirche unter dem Tit. Marien Himmelfahrt, welche in den Errichtungsbüchern schon auf das 1382. Jahr vorkömmt b), ist 1740. abermal durch den Abt Benno in bessern Stand versetzet worden. In der prager Vorstadt ist die noch nicht gänzlich aufgebaute Kirche unter dem Tit. des heil. Florian, und nicht weit von da ein geraumer Phasangarten zu sehen.

2) Krocehlaw. 3) Klein Augezdec, zum Theil nach Buschtiehrad, und zu dem Oberstburggrafenamte gehörig.

4) Moticin. 5) Hnidaus. 6) Sak.

7) Czwrcowitz, Swrcowice, Wrssowitic, ist jenes beruffene Dorf, welches schon zu manchen Streitigkeiten den Anlaß gab. Daß 1070. Herzog Wratislaw

a) Balbin Misc. L. 1. & Hist. S. I. P. 4. L. 5.
b) LL. Erect. . V. 12. B. 16.

ſlaw der zweyte dieſes nebſt andern in dieſer Gegend liegenden Dörfern c) dem wiſchehrader Kapitel geſchenket,
Herzog Friedrich aber 1187. daſſelbe wieder eingezogen,
und einem böhmiſchen Edelmann mit Namen Habrowcz
um 300 Mark Silber verpfändet hat, und zu deſſen Her-
ſtellung durch derbe Schläge im Schlafe angehalten worden iſt, hat ſeine Richtigkeit; indem ſolches der Herzog
Friedrich ſelbſt einigermaſſen eingeſtehet, und deſſen Bruder Ottokar der erſte mit ausdrücklichen Worten beſtätiget d). Ob aber dieſe Geißlung durch einen verkap-
ten, oder durch den wirklichen heil. Peter verrichtet
worden ſey, das überlaſſe ich der Entſcheidung unſerer
Herren Kritiker.

Herrſchaft Buſchtiehrad.

Der jetzige Beſitzer derſelben iſt Chriſtian Auguſt
Fürſt zu Waldek, die er ſo, wie die übrigen in Böh-
men gelegene Güter im J. 1784. käuflich an ſich ge-
bracht hat. Vor wenigen Jahren endeckte man hier
Steinkohlen, die von einer ſehr guten Gattung ſind.
Hieher gehören:

1) Buſchtiehrad, Buſſtiehrady, Buſſtiewes,
Dorf, nebſt einem verfallenen Schloſſe, ehemaligen
Stammhauſe der kollowratiſchen Linie von Buſchtiehrad a), liegt rechts an der ſchlauer Poſtſtraſſe, 2 Meil.
von Prag. 1450. Eroberte dieſen Ort Georg Podie-

P 2 brad,

c) Stiftungsbrief a Gelaſ. Hiſt. Tom. 5.
d) Gelaſ. Hiſt. Tom. 6.
a) Balbin Miſc. L. 3.

brad, zwang deſſen Beſitzer Friedrichen von Kollowrat
die vorgeſchriebenen Friedensartikel anzunehmen b), und
von der Beunruhigung ſeiner Nachbaren künftig abzu-
ſtehen, zerſtörte auch das Schloß ſamt der Kirche, welche
in den Errichtungsbüchern auf das Jahr 1384. unter
dem Namen Buscewes vorkömmt c).   Aus den übrigen Beſitzern ſind mir nur folgende bekannt.   1511.
Georg Bezdruzicky von Kollowrat, Oberſtlandesrich-
ter d).   1547. Ludwig Bezdruzicky von Kollowrat,
Hauptmann der Neuſtadt Prag e).   1571. Zdeniek
von Wartenberg.   1586. Joachim Buſchtiehradcky
von Kollowrat, ſchwur die Huſſitenlehre ab, und trat
in den Schooß der katholiſchen Kirche zurück f).   1569.
Johann von Wartenberg g).   1593. Joachim No-
wohradſky von Kollowrat, Oberſtlandeskämmerer, Hr.
auf Buſchtiehrad und Koſchatek, ſtarb 1600. und hinterließ einen männlichen Erben h).   Im Jahr 1680.
wurden die ſämtlichen Einwohner dieſes Dorfes von der
in ganz Böhmen ſtark wüthenden Peſt dermaſſen aufgerieben, daß die Obrigkeit ſich bemüßiget fand, dieſes
Dorf mit neuen Koloniſten, die von Reichſtadt her berufen worden, wieder zu beſetzen; darum findet man
hier noch heut zu Tage Leute, bey denen noch allemal
die deutſche Gebirgsſprache im Schwunge iſt.

2)

b) Cochlaus in Huſſit. C. Pulkavae.

c) LL. Erect.

d) Hammerſchm. Pr. Gl. Pr.

e) Ex Archiv. Statuum a Pelzel Vita Caroli IV. in Præf.

f) Balbin. Miſc. L. 4. & Hiſt. S. I. P. 2. L. 3.

g) Prag. Landtag.

h) Hiſt. S. I. P. 2. L. 3.

2) Makotkas, ein Dorf und verfallenes Schloß, welches 1420. die Taboriten ihrem rechtmäßigen Besitzer Peter Mezerzicky entrissen, und zerstöret haben i).

3) Klein Lidiß, links von Strebokluk, 2 ¼ M. von Prag, Dorf und Pfarrkirche unter dem Tit. des heil. Martin B., und Patronatsrechte des Besitzers; sie kömmt schon 1384. in den Errichtungsbüchern als Pfarrkirche vor.

4) Bělok. 5) Pleteny Augezd. 6) Braskow. 7) Toschkanka, ein Gasthaus.

8) Drin, Trz, nebst einem verfallenen Schlosse. 9) Bukow, ein Flecken und Schloß. 10) Duby. 11) Wolschan, Wolssany. 12) Brandeis, Branney, soll von der tapfern Gegenwehre des Herzog Boleßlaw wider die Heiden, diesen Namen bekommen haben k).

13) Hollaus. 14) Brodeß, Brodce. 15) Stelkowes. 16) Rjetowiß, nebst einer Kirche unter dem Tit. des heil. Wenzel. 17) Rapiß. 18) Ezwirkin, Zwirkin, Dorf und Kirche unter dem Tit. des heil. Michael.

Herrschaft Tuchomēriß.

Im Jahr 1561. gehörte diese Herrschaft dem Hrn. Eztibor Sluzsky von Cylum a). 1615. kaufte dieselbe Otto Heinrich Freyherr von Wartenberg

P 3   dem

i) Theobald in Hussit. Balbin Misc. L. 3. & Paprocky de Urbib.

k) Hagek.

a) Prag. Landtag.

dem Hrn. Johann Sluzsky ab, und überließ selbe
nebst Czicowitz abermal 1621. käuflich an das jesuiter
Kollegium bey St. Klemens zu Prag um 42000. Fl. b).
Nach der Aufhebung dieses Ordens 1773. fiel selbe der
königl. Kammer zu.   Hieher gehören:

1) Tuchomieritz, Duchomerice, ein schönes
von dem berühmten Baumeister Kilian Dienzenhofer
erbautes Schloß c), und Dorf von 54 N., rechts
von der schlauer Poststrasse, 1 ¾ Meilen von Prag, an
dem auneritzer Bache gelegen.   Im J. 1524. nachdem König Ludwig die sämtlichen Pikarden, oder
die sogenannten böhmischen Brüder des Landes verwiesen
hatte, erkauften sich die Reichen den Schutz und Nach-
sicht von dem Statthalter, und vom Hawel Czabera einem Vorsteher des Utraquistischen Konsistoriums, öfneten
hier die Schulen für ihre Glaubensgenossen, und hielten ihren Gottesdienst in Geheim d).   Die Kirche unter dem Tit. des heil. Veit, und Patronatsrechte des
Besitzers, wurde 1668. von den Jesuiten erbauet, und
1774. mit einem eigenen Seelsorger versehen.

2) Klein Kopaninn, im Jahr 1572. schenkte
Kaiß. Maximilian dieses Dorf den Jesuiten bey St.
Klemens e).

3) Pazderna. 4) Groß Czicowitz. 5) Klein-
Czicowitz, nebst einer unter dem Tit. Kreuzes-Erfin-
dung ehemal von den Jesuiten erbauten Kirche.

6) Zagezd

b) Hist. S. L. P. 3. L. 2.
c) Abbild. der Gelehrten. 2. Th.
d) Hist. S. I. P. 3. L. 2.
e) Hist. S. L. P. 1. L. 2.

6) Zagezd. 7) Libochowiчky, nebſt einem verfallenen Schloſſe.

8) Letka. 9) Slichow, Zlihow, am rechten
Ufer der Moldau Südwärts, nebſt einer Kirche unter
dem Tit. der heil. Apoſt. Philipp und Jakob, welche
1250. vom Kön. Ottokar dem zweyten dem wiſchehrader Domkapitel geſchenket, und 1384. mit einem
eigenen Pfarrer verſehen wurde f), 1386. gehörte dieſes Dorf dem Karthäuſerkloſter in Sniichow g).

10) Rothe Mühle. 11) Hluboċep, Hlubo-
zcrp, am Bache gleiches Namens, der bey Holin ent-
ſpringt, und bey Rothemühle in die Moldau fällt.
Gehörte 1614. dem Hrn. Joachim Slawata von
Chlum und Koſchumberg h).

12) Groß Herrndorf. 13) Rźepora, nebſt
einer Kirche unter dem Tit. der heil Ap. Peter und
Paul. Nicht weit von dannen liegt das zerſtörte Schloß
Děwin oder Děwcihrad.

14) Zmrzlik. 15) Nowa Wes. 16) Wohra-
da. 17) Holla. 18) Kopanina.

K. K. Fundationsherrſchaft Stře-
dokluk.

Im J. 1623. fiel ſelbe nach dem Hrn. Ladiſlaw
Bezdružicky von Kollowat dem kön. Fiſkus zu, und

P 4 wur-

---

f) Berghau. in Protom. Hammerſchm. Hiſt. Wiſchehrad.
& LL. Erect.

g) Perz in Codice Diplom.

h) Prag. Landtag u. J.

wurde an den Hrn. Severin Thalo von Horstein
käuflich überlassen. Eben dieser Thalo kaufte die aus
gleicher Ursache der k. Kammer anheim gefallene, und
von Kaiser Ferdinand II. dem Seminarium bey St.
Wenzel zu Prag geschenkte Güter Ronsberg, Udritsch,
und Augezd um 70 tausend Schock Meiß., mit solcher
Bedingung, daß er 10 Tausend baar erlegen, das übrige aber auf den gemeldten Gütern verhypotheciret be-
halten mußte. Nach der Zeit gerieth Thalo in mißliche Umstände, verkaufte Udritsch an den Julius Heinrich von Sachsenlauenburg, Augezd an den Hrn.
Theophil Bleon von Raudna, und Ronsberg vermach-
te er seiner Tochter, die Hypothek aber der sechzig tausend
Schock übertrug er auf sein Gut Stredokluk. Doch
weil die jährlichen Zinsungen nicht allemal richtig ab-
fielen, wurden die Jesuiten bemüßiget 1645. 18. July
den Besitz von Stredokluk selbst zu nehmen a). Hieher
sind einverleibet :

1.) Stredokluky, Dorf, und Kirche unter dem
Tit. des heil. Prokop, die 1384. mit einem eigenen
Pfarrer besetzet war b), und kön. Poststation, welche
1782. von Tursko und Jenč, obschon mit einem kleinen Umweg her verleget wurde. Man zählet von dannen 3 Meil. nach Schlan, 2 Meil. bis Prag, und
eben soviel bis Scherowitz

2.) Wokok, Okok, Dorf nebst einer Kirche unter dem Tit. des heil. Wenzel, und einem verfallenen
Schlosse, welches nach Hageks-Berichte im J. 731.

er-

a) Hist. S. I. P. 3. L. 3.
b) LL. Treft.

erbauet worden. Besonders merkwürdig ist hier ein
in Felsen gehauener Keller, dessen natürliche Wölbung
durch eine in der Mitte gestellte Säule unterstützet
wird c). Von 1590. hielten selbes im Besitze die Hrn.
von Martinitz d). 1649. Verschrieb Jaroslaw Borita
Graf von Martinitz dieses Dorf in seinem letzten Willen dem Seminarium bey St. Wenzel zu Prag mit
solcher Bedingung, damit von den herabfließenden Einkünften drey von der smetner Obrigkeit benannte Jüng-
linge, die sich dem geistlichen Stande widmen wollen,
hier in allen nöthigen Wissenschaften unterrichtet, und
dann auf den martinitzischen Gütern zur Seelsorge befördert würden e).

3) Cheynow. 4) Knéžowes, nebst einer Kirche unter dem Tit. des heil. Wenzel.

5) Dobrowis, Dorf und Kirche unter dem Tit.
Namen Mariä. 6) Groß Herrndorf. 7) Czerno-
wičeř, nebst einer ehedem von den Jesuiten erbauten
Kirche unter dem Tit. des heil. Laurenz.

8) Kozinec.

K. K. Kammeralherrschaft Statenitz.

Gehörte ehedem dem Frauenkloster bey St. Georg
zu Prag, nach dessen Aufhebung fiel selbe 1782. der
k. Kammer zu. Hieher gehören folgende Dörfer:

P 5   1)

c) Balbin. Misc. L. 3.
d) Hammerschm. Pr. Gl. Pr. & in Hist. Cœnob. S. Spir.
e) Hist. S. I. P. 4. L. 4.

1) Statenitz, Zdatywnic, 1¼ Meil. von Prag rechts von Tuchomeritz. Zur Zeit der Empörung in Böhmen 1619. wurde dieses Dorf dem Kloster entrissen, und kam endlich käuflich an das königgrätzer Bistum, von dem es Anna Schönwelsen von Eckstein damalige Vorsteherinn des Klosters für zehn tausend Gulden wieder ausgelöset hatte a).

2) Nautonitz, nebst einer Kirche unter dem Tit. des heil. Johann, welche 1384. mit einem eigenen Pfarrer besetzt war b), und 1684. wieder in bessern Stand hergestellet, dann vom Hrn. Wenzel Bilek von Bilenberg prager Domdechant eingeweihet wurde c). Nicht weit von dannen liegt ein verfallenes Schloß unter dem Namen Hradec, oder Lewy Gradec, ehemalige Stadt, die den Herzogen aus Prag theils zur Gegenwehre wider die Saatzer, theils zum angenehmen Aufenthalte gedienet hat d). Herzog Boriwoy errichtete hier die erste Kirche unter dem Tit. des heil. Blemens e).

3) Rjesche, Rzez.   4) Hussinetz, diese zwey Dörfer liegen jenseits der Moldau.

3) Kameik.   4) Zalom   5) Schwarzochs, ein Theil davon gehört nach Aunetitz.

Herr=

a) Hammerfchmid in Hift. Monaft. S. Georg.

b) LL. Erect.

c) Hammerfchmid in Hift. Monaft. S. Georg.

d) Cofmas.

e) Urkunde a Bienenberg in der Befchreibung der Städt Königgräh.

Herrschaft Rostock.

Gehört dem Aloysius Johann Reichsfürsten von Lichtenstein. Im J. 1569. hielt Hr. David Bořín von Ebota, Rostock samt Mikowitz im Besitze a). Derselben sind einverleibet:

1) Rostock, Dorf und ein ehevem festes Schloß nebst einer Kirche unter dem Tit. des Johann Täufers, und Patronatsrechte des Inhabers, die von einem Lokalkaplan administriret wird.

2) Lichtendorf, Lichtewes, Lichucawes, im J. 1539. den 29. July bewilligte Kaiser Ferdinand I., daß Wilhelm von Wartenberg dieses Dorf, welches Zdislaw Wrabsky pfandweis hielt, von ihm auslösen könne, doch mit diesem Vorbehalt, daß die Wiedereinlösung dieses Dorfes dem Kaiser oder seinen Erben allezeit frey bleibe b).

3) Auholickp.

Gut Selz.

Gehört dem Hrn. Franz Schörber.

Gut

---

a) Prag. Langtag von tiesem und 1571. J.
b) Urkunde a Gelaf. Mon. T. 1.

Gut Lochkow.

Liegt bey Choteč, gehörte 1635. dem Raphael Mnischowsky von Sebuzina Hrn. auf Bilichow, und Lochkow a), dann den Freyherren von Scherzer, jetzt ist der Hr. von Grennet Besitzer davon.

a) Hammerschmid Pr. Gl. Pr.

Summarischer Inhalt

der im rakoniger Kreise befindlichen Städte, Flecken, Herrschaften, Güter und Dörfer.

Hrdly

Dörfer im ganzen Kreise sämtlich 655.
Verfallene Schlösser 34.
Zerstörte Städte 3.

Nachtrag
zum
Rakonitzer Kreise.

Dieser Nachtrag wurde in dieser Absicht auf ein besonderes Blatt abgedruckt, damit jederman denselben nach eigenem Belieben entweder dem ersten, oder dem zweyten Theile beyfügen könnte.

Cheyn ein Dorf gehört zum Gute Trzeßowitz. v. Rak. Kreis p. 108.

Czeradicz gehöret theils zur Herrschaft Zlonitz, theils nach Wranay. Rak. Kreis p. 180. & 187.

Rozdielow und Stiepanow sind zwey vor wenigen Jahren angelegte, und dem Gute Bladno einverleibte Dörfer p. 226.

Sek ein Dorf gehöret dem Stifte Plaß, und liegt am linken Ufer der Strzela.

Teinka Dorf mit einer Kirche unter dem Tit. des heil. Lazarus, gehöret dem Stifte St. Margareth oder Brzewniow.

Diese 6 Dörfer sind demnach der sämmtlichen Anzahl der Dörfer im rakonitzer Kreise noch beyzusetzen

mit

mit Abzuge des Dorfs Bniezirwka, wie wir gleich sehen werden, woraus 660 Dörfer entstehen werden.

Ferner kömmt noch im takonitzer Kreise zu verbessern.

In der Vorrede p. 3 linea 8. Hr. Ignatz edler lies: — — — Ritter von Born.

p. 7. L. 6. Kreise: — — — — Greise.

In der Einleitung p. 16. L. 15. 1740. — 1741.

p. 22. l. 10. Uramen — — Urahnen.

p. 87. l. ultima c) Balbin Misc. L. 3. lies — Johann Keßler in den neuesten Reisen rc. und europäische Staats- und Reisegeographie.

In der Fortsetzung des Kreises p. 93. marginalzahl 83 statt 93.

p. 109. l. 2. Bniezirwka und Bleinherrns dorf ist nur ein einziges Dorf.

p. 111. l. penult. Sukdol ein Dorf mit einer Kirche unter dem Tit. der heil. Benedikt, Adalbert, Wenzel und Prokop, gehöret nicht dem Stifte bey St. Margareth, sondern den prager Benedik- tinern in Emaus.

p. 113.

Nachtrag.

p. 113. l. 12. an Brzeu=ties na Brze=
bu.

p. 158 l. 5 einem — —. — einen

p. 178 l. 8 die Kirche der Priester aus
den frommen Schulen ist unter dem Tit.
der unbefleckten Marien Empfängniß
und des heil. Josephs.

p. 179 l. 5 Zwilitz gehöret zum Theil
nach Wranay und Jungfrau Teiniz.

p. 180 l. 18 und p. 185. l. 6 Generalfeldzeugmeister lies Generalfeldmarschall.

p. 203 l. 6 Dolanek und l. 10 böhmisch
Kopist liegen diesseits der Eger.

p. 206 l. 4 Karl VI., lies Karl IV. &
l. 30 1425. lies 1421. den 24. April.

p. 214 l. 22 Im J. 1657. lies 1757.

p. 227 l. 21 Buschtiehrad es ist daselbst auch
ein wohlgebautes Schloß zu finden, welches vor dreyßig Jahren ungefähr für
den Prinzen Klemens prächtig eingerich-
tet, und mit kostbaren Meubeln versehen wurde, die aber nach dem bald darauf
erfolgten Tode, welcher des obgenannten
Prin-

Nachtrag.

Prinzen Vorhaben dieses Schloß zu beziehen vereitelte, wieder verkauft worden sind.

Im summarischen Inhalte.

Budyn	193	anstatt	196
Kornhaus	165	——	166
Slawietin	191	——	192
Lochkow	235	——	236
Rostock	234	——	235
Stateniß	133	——	233